L'italiano si impara

Marco Barsacchi – Vincenzo Gatto

L'italiano si impara in due

Attività didattiche da svolgere in coppia

University of Toronto Press
Toronto Buffalo London

© University of Toronto Press 1993
Toronto Buffalo London
Printed in Canada
ISBN 0-8020-7212-7

Toronto Italian Studies

Canadian Cataloguing in Publication Data

Barsacchi, Marco
 L'italiano si impara in due

(Toronto Italian studies)
ISBN 0-8020-7212-7

1. Italian language – Textbooks for second language
learners – Foreign speakers.   I. Gatto, Vincenzo.
II. Title.   III. Series.

PC1128.B37   1993   458.2'4   C93-094842-4

INDICE

Alcune parole di introduzione   vii

Il contenuto "in dettaglio"   ix

Studente ruolo "A"   1

Studente ruolo "B"   55

	Ruolo A	Ruolo B
1. Conoscersi	3	57
2. Conoscersi meglio	5	59
3. Sui gusti non si discute	6	60
4. Il festival del cinema di Venezia	8	61
5. Una famiglia italiana	10	63
6. Un vestito per la festa di fidanzamento	12	64
7. La casa (esterno)	14	65
8. La casa (interno)	15	66
9. Chi trova un amico trova un tesoro	16	67
10. Le buone e cattive abitudini	17	68
11. Prepariamo un menù	19	69
12. Vendesi	20	70
13. Il fine settimana: che fare?	21	71
14. Amici dall'Italia	24	73
15. Una vacanza invernale nel "Bel paese"	26	74
16. Una vacanza estiva nel "Bel paese"	27	75
17. Chi l'ha visto?	29	77
18. Chiacchierando tra amici al bar	32	78
19. "Un'Italia senza Discriminazioni"	34	79
20. Una conferenza stampa	36	80
21. Una domenica "fuori porta"	37	81
22. Una festa da organizzare	39	82
23. Il "cicerone" sono io	40	83
24. La spesa al negozio di "Alimentari"	43	85
25. Un corso culturale	46	87
26. Un colloquio di lavoro	48	89
27. Un impiego a tempo parziale	49	90
28. Una casa da affittare	50	91
29. Dallo psicanalista	51	92
30. Un albergo per le vacanze	52	93
31. L'acquisto di una nuova auto	54	94

Schede culturali:

Gli italiani e il cinema	7
Il fidanzamento e il matrimonio	11
La casa	13
La cucina	18
La famiglia	23
Le vacanze	25
Gli italiani e la televisione	28
Il bar	31
Verso una società multirazziale	33
Gli italiani e la musica	35
Le feste in Italia	38
La spesa	42
I corsi culturali	45
Il lavoro	47
L'automobile	53

Prontuario Terminologico   95

ALCUNE PAROLE DI INTRODUZIONE

IL TESTO

L'italiano si impara in due non è un manuale di lingua italiana. Si tratta piuttosto di un agile volumetto che offre all'insegnante una funzionale raccolta di attività linguistiche da praticare in una classe di italiano come seconda lingua. In particolare è diretto a studenti di livello iniziale e intermedio come strumento integrativo e complementare per un libro di testo di lingua italiana.

Avendo osservato come molti manuali, mirati ad un progetto più ampio e globale, non offrano agli studenti concrete possibilità di pratica di una lingua - parlata soprattutto - innestata nella loro realtà quotidiana, e che tuttavia conservi referenze ed elementi peculiari della società italiana attuale, abbiamo pensato di offrire un piccolo contributo in questa direzione.

Ne *L'italiano si impara in due* abbiamo raccolto trentuno diverse attività, molte inedite, altre note e probabilmente già utilizzate in classe da molti di noi. Esse vanno da una scelta di modelli situazionali quali simulazioni e giochi di ruolo ad attività guidate di dialogo e scambio di informazioni, da descrizioni di persone, cose, e ambienti a compilazioni scritte di questionari e schede per indirizzare la discussione o riassumerne i termini.

Per ogni unità è stato adottato l'uso di determinate strutture morfo-sintattiche basilari per il livello linguistico iniziale ed intermedio, nonché una scelta di situazioni funzionale all'arricchimento lessicale di base, mirando a costituire un piccolo ma adatto tappeto di competenze orientate in una direzione linguistico-comunicativa. Il percorso didattico indicato dal testo poggia sul presupposto di una naturale e progressiva maturazione delle competenze linguistiche degli studenti. Di conseguenza, nel loro svolgersi, le unità di lavoro presentano e richiedono esercizi e modelli di crescente complessità e articolazione dell'esercizio comunicativo.

Ne *L'italiano si impara in due* gli studenti sono chiamati a <u>lavorare a coppie</u> e il testo è quindi composto di due parti, una per il ruolo A, l'altra per il B. Anche questo approccio non è nuovo: chiunque operi in classe sa quanto importante è l'esercitazione in coppia e probabilmente lo utilizza regolarmente come momento di lavoro e di applicazione. Proprio per questo ci è sembrato utili percorrere questa strada.

Entrambi i ruoli sono di uguale importanza, sono complementari e dipendenti l'uno dall'altro. In questo modo si è assicurata un'interazione tra i due studenti, i quali devono lavorare attivamente e costruttivamente affinché gli esercizi stessi possano svilupparsi. Il manuale è stato concepito e sviluppato in una prospettiva prettamente comunicativo-operativa, per cui gli studenti sono chiamati ad utilizzare in concreto, mediante un tentativo di immersione in situazioni d'uso quotidiano, le strutture linguistiche studiate in sede teorica.

Accanto a momenti di interazione che potremmo definire "neutri", in cui gli studenti non italiani possono attingere alla propria esperienza ed alla propria immaginazione, abbiamo proposto ambientazioni e situazioni <u>tipiche della società e dell'ambiente italiano</u>. In questa ottica ed allo scopo di mantenere viva la partecipazione degli studenti alle varie attività, abbiamo cercato di amalgamare temi di diretto interesse dei ragazzi e delle ragazze dell'Italia di oggi (musica, l'altro sesso, il lavoro, le tendenze, le vacanze) con elementi specifici e tradizionali della cultura italiana (arte, località, cibi, moda, e valori culturali). Questo perché lo studio della lingua straniera ha significato se collocato anche in un contesto specifico e coerente: pedagogicamente e culturalmente appare, ad esempio, più sensato che agli studenti di italiano, in una situazione "al ristorante" vengano offerti cibi italiani piuttosto che nordamericani, oppure, in una simulazione "di viaggio" è più naturale che essi si muovano in città italiane piuttosto che nordamericane.

Questa scelta è in pratica un primo effettivo passo per un'immersione nell'universo culturale italiano. Per evitare le "fisiologiche" difficoltà iniziali, considerata la scarsa familiarità dei discenti stranieri agli usi e costumi italiani, per le unità "più culturalmente" lontane abbiamo proposto, delle brevi note culturali. In questo modo lo studente può avere un'idea complessiva del contesto, dell'ambiente in cui l'attività proposta si svolgerà o del tema che da questa verrà trattato, e lavorare più confortevolmente. L'insegnante deciderà se e come utilizzarle.

In definitiva, le diverse attività mettono a fuoco le più importanti strutture linguistiche di base e ne richiedono agli studenti l'applicazione diffusa e partecipe, attraverso momenti di riflessione, di gioco, di discussione, e sempre di reciproca interazione e confronto. Il testo tuttavia, pur risultando funzionale alla precedente prospettiva didattica, offre la possibilità di adattarsi alle esigenze degli studenti e dell'insegnante: per facilitare una scelta o una selezione tra gli esercizi interessanti per l'obiettivo didattico stabilito dall'istruttore, nella sezione "le attività in dettaglio", per ciascuna delle trentuno unità, abbiamo elencato il tipo di attività, le strutture linguistiche e il contenuto.

SUGGERIMENTI METODOLOGICI

L' Italiano si impara in due presenta delle attività da sviluppare in coppia. Il primo passo è perciò quello di suddividere il gruppo di studenti in coppie; quindi si assegna ad uno dei componenti di ciascuna coppia il "ruolo A" e all'altro il "ruolo B". Entrambi gli studenti prendono visione del proprio ruolo e delle indicazioni relative ad esso, e la pratica può già iniziare.

Naturalmente la funzione dell'insegnante durante un'attività in classe è tutt'altro che passiva. Poiché è fondamentale che tutti gli studenti abbiano ben chiaro ciò che devono fare, è auspicabile, prima di ogni attività, che l'istruttore spenda qualche parola di spiegazione per mettere bene a fuoco l'esercizio da svolgere. In particolare, conoscendo la "tradizionale pigrizia" dei discenti, soprattutto nei momenti di approccio con una pratica ai loro occhi insolita o "troppo difficile", l'insegnante nella sua introduzione all'attività può dedicare alcuni minuti a descrivere il compito che aspetta gli studenti, proponendo una "simulata" della situazione che l'attività stessa descrive. In altre parole è necessario che l'insegnante si adoperi affinché gli studenti accettino e si abituino ad una partecipazione attiva e creativa, che richiede loro uno sforzo superiore a quello del classico esercizio da libro di testo, troppo spesso ripetitivo, meccanico e per niente personalizzato.

Al tempo stesso, durante l'attività, l'istruttore potrebbe muoversi da una coppia all'altra, porgendo suggerimenti per superare possibili difficoltà, dare spiegazioni, provvedere all'aiuto lessicale e, in definitiva, stimolare le singole situazioni.

Alla fine di ogni attività - che ha lunghezza variabile e che potrebbe necessitare di un "tempo limite" per regolarizzare la lezione - sarebbe produttivo riassumerne gli aspetti più importanti, sia dal punto di vista strettamente grammaticale (revisione strutture, analisi degli errori commessi, chiarimenti linguistici a richiesta degli studenti, ecc.) che da quello della pratica svolta (possibili sviluppi, approfondimenti della discussione, ecc.). In taluni casi potrebbe rivelarsi ottimale un'ulteriore ripresa della stessa attività alla luce di questi ultimi contributi teorico-pratici, esemplificata da una singola coppia sotto il controllo di tutta la classe e dell'istruttore.

A tutti, studenti ed insegnanti, buon lavoro!

Marco Barsacchi
Docente di Lettere nei Licei e
Istituti Istruz. Secondaria, Italia

Vincenzo Gatto
Assistant Professor
Ithaca College, USA

IL CONTENUTO IN DETTAGLIO

1. **Conoscersi**
   Modello situazionale: questionario in interazione; scambio di informazioni.
   Strutture della lingua: presente indicativo; interrogativi "che", "quanto", "quale", "come"; possibile uso di aggettivi possessivi.
   Attività da svolgere: richiedere e fornire informazioni di carattere personale.

2. **Conoscersi meglio**
   Modello situazionale: formulazione di domande; scambio di informazioni.
   Strutture della lingua: presente indicativo; espressioni con il verbo "avere"; uso dei verbi irregolari "andare", "venire", "fare", "sapere"; cenno sui riflessivi.
   Attività da svolgere: richiedere e fornire informazioni personali ed extrapersonali.

3. **Sui gusti non si discute**
   Modello situazionale: questionario e discussione.
   Strutture della lingua: verbo "piacere"; congiunzioni "anche, neanche".
   Attività da svolgere: scambio di opinioni personali.

4. **Il festival del cinema di Venezia**
   Modello situazionale: scambio di informazioni.
   Strutture della lingua: presente indicativo; interrogativi "che", "quali", "quanto", "dove".
   Attività da svolgere: richiedere e fornire informazioni extrapersonali.

5. **Una famiglia italiana**
   Modello situazionale: formulazione di domande per scambio informazioni. **Strutture della lingua**: concordanza nome/aggettivo (maschile/femminile singolare/plurale), presente indicativo.
   Attività da svolgere: descrizione di persone; richiedere e fornire dati; ricerca lessicale.

6. **Un vestito per la festa di fidanzamento**
   Modello situazionale: scambio di informazioni.
   Strutture della lingua: aggettivi e pronomi interrogativi; passato prossimo.
   Attività da svolgere: richiedere e fornire informazioni.

7. **La casa (esterno)**
   Modello situazionale: scambio di informazioni.
   Strutture della lingua: avv.interrogativo di luogo "dove"+ verbo "essere"; preposizioni semplici e articolate; locuzioni prepositive.
   Attività da svolgere: richiedere e fornire informazioni sulla locazione di oggetti di arredo; richiesta di ripetizione e di puntualizzazione; ricerca lessicale guidata.

8. **La casa (interno)**
   cfr. supra.

9. **Chi trova un amico trova un tesoro**
   Modello situazionale: simulazione.
   Strutture della lingua: aggettivi e pronomi interrogativi; aggettivi possessivi.
   Attività da svolgere: richiedere e fornire informazioni personali ed extrapersonali.

10. Le buone e cattive abitudini
    Modello situazionale: questionario in interazione.
    Strutture della lingua: presente indicativo; avverbi di tempo: uso dei verbi irregolari "fare", "andare".
    Attività da svolgere: richiedere e fornire informazioni personali.

11. Prepariamo un menù
    Modello situazionale: simulazione.
    Strutture della lingua presente indicativo, formule propositive.
    Attività da svolgere: proposte e discussione su piatti e cibi.

12. Vendesi
    Modello situazionale: simulazione.
    Strutture della lingua: presente indicativo, aggettivi e pronomi interrogativi
    Attività da svolgere: descrizione di oggetti; richiedere e fornire dati.

13. Il fine settimana: che fare?
    Modello situazionale: dialogo da costruire.
    Strutture della lingua: condizionale presente.
    Attività da svolgere: avanzare e accettare suggerimenti; discutere proposte ricreazionali.

14. Amici dall'Italia
    Modello situazionale: simulazione.
    Strutture della lingua: aggettivi e pronomi interrogativi; aggettivi possessivi.
    Attività da svolgere: richiedere e fornire informazioni extrapersonali.

15. Una vacanza invernale nel "Bel paese"
    Modello situazionale: simulazione.
    Strutture della lingua: passato prossimo, imperfetto.
    Attività da svolgere: richiedere e fornire informazione; descrizione di fotografie; elaborazione mentale libera.

16. Una vacanza estiva nel "Bel paese"
    Modello situazionale: simulazione.
    Strutture della lingua: interrogativi; passato prossimo (imperfetto).
    Attività da svolgere: richiedere e fornire informazioni; descrizione di fotografie; elaborazione mentale libera.

17. Chi l'ha visto?
    Modello situazionale: gioco di ruolo; questionario.
    Strutture della lingua: concordanze nome/ aggettivo, passato prossimo, imperfetto.
    Attività da svolgere: descrizione di persone; ricerca lessicale guidata.

18. Chiacchierando tra amici al bar
    Modello situazionale: simulazione.
    Strutture della lingua: passato prossimo (imperfetto); aggettivi e pronomi interrogativi "quale", "come", "perché".
    Attività da svolgere: elaborazione libera di eventi passati; chiedere e fornire spiegazioni.

19. "Un'Italia senza Discriminazioni"
    Modello situazionale: gioco di ruolo
    Strutture della lingua: passato prossimo, imperfetto.
    Attività da svolgere: richiedere e fornire informazioni su eventi passati.

20. Una conferenza stampa
    Modello situazionale: gioco di ruolo
    Strutture della lingua: futuro, aggettivi e pronomi interrogativi "quanti", "quali", "quando".
    Attività da svolgere: richiedere e fornire informazioni su progetti e eventi futuri.

21. Una festa da organizzare
    Modello situazionale: simulazione
    Strutture della lingua: futuro, condizionale presente.
    Attività da svolgere: fare e accettare inviti; discutere sulla base di informazioni date.

22. Una domenica "fuori porta"
    Modello situazionale: simulazione
    Strutture della lingua: futuro; condizionale presente.
    Attività da svolgere: richiedere e fornire informazioni turistiche.

23. Il "cicerone" sono io
    Modello situazionale: scambio di informazioni e gioco di ruolo.
    Strutture della lingua: imperativo informale; preposizioni semplici e articolate; locuzioni prepositive; espressioni di luogo.
    Attività da svolgere: richiedere e fornire informazioni sulla locazione di palazzi e negozi; indicazioni di direzione.

24. La spesa al negozio di "Alimentari"
    Modello situazionale: dialogo da costruire.
    Strutture della lingua: aggettivi e pronomi indefiniti; imperativo formale, uso del condizionale propositivo e "di cortesia".
    Attività da svolgere: chiedere e fornire oggetti, alimentari, informazioni su prezzi, peso, tipi, marche.

25. Un corso culturale
    Modello situazionale: gioco di ruolo; scheda riassuntiva.
    Strutture della lingua: uso del condizionale "propositivo" e "di cortesia".
    Attività da svolgere: richiedere e fornire informazioni.

26. Un colloquio di lavoro
    Modello situazionale: gioco di ruolo.
    Strutture della lingua: uso del "formale".
    Attività da svolgere: preparazione di un colloquio di lavoro sulla base di requisiti dati, e successiva simulata situazionale.

27. Un impiego a tempo parziale
    Modello situazionale: gioco di ruolo.
    Strutture della lingua: uso del "formale".
    Attività da svolgere: richiedere e fornire informazioni sul lavoro.

28. **Una casa da affittare**
    Modello situazionale: gioco di ruolo.
    Strutture della lingua: uso del "formale", interrogativi
    Attività da svolgere: richiedere e fornire imformazioni su case; rielaborazione di modelli proposti.

29. **Dallo psicanalista**
    Modello situazionale: gioco di ruolo non interattivo; scheda riassuntiva.
    Strutture della lingua: imperativo, condizionale.
    Attività da svolgere: descrizione di oggetti, cose e situazioni in libera elaborazione; ipotesi e deduzioni.

30. **Un albergo per le vacanze**
    Modello situazionale: gioco di ruolo.
    Strutture della lingua: condizionale presente "propositivo" e "di cortesia".
    Attività da svolgere: richiedere e fornire informazioni; richiedere e dare consigli; ricerca lessicale guidata.

31. **L'acquisto di una nuova auto**
    Modello situazionale: gioco di ruolo.
    Strutture della lingua: uso di lessico specializzato.
    Attività da svolgere: colloquio di mercato in situazione formale; uso inquisitivo e propositivo della lingua.

Marco Barsacchi ha curato le attività 5-8, 11, 12, 16-18, 21, 24, 25, 27, 29-31 ed ha redatto le schede culturali
Vincenzo Gatto ha curato le attività 1-4, 9, 10, 13-15, 19, 20, 23, 26, 28
Consulenza per la compilazione del Prontuario Terminologico: Angelina P. Perez
Ideazione e realizzazione parti grafiche e disegni: Federico Barsacchi
Un grazie inoltre va a tutti gli amici che compaiono nelle immagini, per la loro gentilezza e collaborazione

Studente "ruolo A"

1. Conoscersi

Fai conoscenza con lo studente/la studentessa B: fai alcune domande per riempire il seguente modulo. Poi anche lo studente/la studentessa B ti farà le stesse domande.

Nome .... Età ....

Luogo di nascita .... Stato ....

Composizione della famiglia ....

Lavoro del padre (zio) ....

Lavoro della madre (zia) ....

Occupazione dei fratelli o delle sorelle ....

Scuola frequentata o titolo di studio ....

Attuale occupazione ....

Interessi e passatempi ....

Cibo preferito ....

Sport preferito ....

Genere musicale preferito ....

Luogo ideale per le vacanze ....

Progetti per il futuro ....

Opere d'arte italiane conosciute ....

Dell'Italia amo ....

Studio la lingua italiana perché ....

....

<u>Prima di iniziare prepara alcune domande-tipo. Ad esempio:</u>

Come ti chiami?   Quanti anni hai?
Hai fratelli/sorelle in famiglia?   Tua madre lavora?
Che lavoro fa?   Chi è il tuo attore preferito?
Quali sono i tuoi progetti per il futuro? Perché studi la lingua italiana?

Adesso completa le seguenti frasi. Usa le risposte che lo studente/la studentessa B ti ha dato.

Il mio compagno/la mia compagna è _____

Ha _____ anni ed è di _____ in _____

Nella sua famiglia ci sono _____ persone e precisamente _____
_____

Suo padre (zio) è _____ e sua madre (zia) è _____

gli altri familiari si occupano di _____

Frequenta la scuola _____

(*oppure*) ha il titolo di studio _____

e adesso lavora come _____ a _____

I suoi interessi e passatempi sono _____

Il suo cibo preferito è _____ e il suo sport preferito è _____
_____

il suo genere musicale preferito è _____

Il suo luogo ideale di vacanza è _____

Tra i suoi progetti per il futuro ci sono _____
_____

Le opere d'arte italiane che conosce sono _____
_____

Dell'Italia ama soprattutto _____

Studia italiano perché _____

Adesso confronta la tua scheda con quella dello studente/la studentessa B e verifica le differenze.

2. Conoscersi meglio

Rivolgi delle domande allo studente/alla studentessa B per scoprire aspetti di lui/lei e della sua personalità. Prima di iniziare prepara bene le tue domande. Poi anche lo studente/la studentessa B ti farà domande simili.

Stabilisci se lo studente/la studentessa B:

Sì		No
☐	è fidanzato/a	☐
☐	ha paura di viaggiare in aereo	☐
☐	si lava i denti dopo ogni pasto	☐
☐	vive in città o in campagna	☐
☐	telefona spesso agli amici	☐
☐	viene a scuola in bicicletta	☐
☐	ama la vita in campagna	☐
☐	ha dei parenti o amici in Italia	☐
☐	sa ballare (se la risposta è Sì, chiedi quali balli in particolare)	☐
☐	va spesso per negozi a fare spese (se la risposta è Sì, chiedi cosa compra)	☐
☐	legge libri di letteratura	☐
☐	va al cinema in questa settimana (se la risposta è Sì chiedi informazioni sul film)	☐
☐	sa preparare piatti tipici italiani (se la risposta è Sì chiedi cosa)	☐
☐	ha una collezione di francobolli o altri oggetti	☐
☐	va in Italia la prossima estate (se la risposta è Sì chiedi informazioni)	☐
☐	in questo momento ha fame (sete, caldo, freddo)	☐
☐	si guarda spesso allo specchio	☐
☐	fa qualcosa di speciale per l'ultimo dell'anno	☐

Adesso confronta le tue risposte con quelle dello studente/la studentessa B.

3. Sui gusti non si discute

Esprimi la tua opinione sulle attività elencate qui sotto, usando una delle espressioni suggerite. Puoi esprimere la tua preferenza con una scelta ampia e progressiva, dal grado positivo al negativo.

<---- POSITIVO   NEGATIVO ---->

+++	++	+	-	- -	- - -
amo	mi piace molto	mi piace	mi piace poco	non mi piace	detesto

_____	ascoltare la musica classica	_____	stare in compagnia
_____	cucinare	_____	questa città
_____	mangiare dolcetti	_____	viaggiare in treno
_____	la scuola (il lavoro)	_____	alzarmi tardi la mattina
_____	il sesso	_____	andare in discoteca
_____	vedere film dell'orrore	_____	passeggiare in un parco
_____	parlare di politica	_____	andare a teatro
_____	la mia/il mio insegnante	_____	giocare con videogiochi
_____	il calcio	_____	cantare in compagnia
_____	il traffico cittadino	_____	la pizza capricciosa
_____	prendere il sole	_____	la televisione
_____	guidare velocemente	_____	fare sport

Quando hai finito discuti con lo studente/la studentessa B di ciò che ti piace e non ti piace.

Es: – Mi piace molto ascoltare la musica classica!
– Sì, anche a me...!   OPPURE   – No, a me non...! (La detesto).

– Non mi piace la televisione!
– Neanche a me!   OPPURE   – A me invece...

Gli italiani e il cinema

Gli italiani attualmente vanno poco al cinema. La televisione, che trasmette ogni giorno film di ogni tipo, e la disponibilità di film su cassetta, hanno modificato le abitudini di un tempo, quando vedere un film era un evento memorabile. Per questo motivo il numero delle sale cinematografiche è diminuito e contemporaneamente il prezzo del biglietto è salito di molto: oggi (1993) per assistere ad una "prima visione", cioè ad un film di nuova immissione sul mercato, l'italiano spende 10.000 lire.

I film in circolazione in Italia sono di diversa origine. La produzione di massa è statunitense, come in tutto il mondo; sono comunque presenti anche opere di autori europei e, ultimamente, asiatici.

Il film come opera artistica e culturale ha avuto in Italia una stagione molto importante dopo la seconda guerra mondiale con i maestri del Neorealismo, De Sica e Rossellini. Successivamente con registi di grande creatività, come Fellini, Pasolini e Bertolucci, il cinema italiano ha dato contributi importantissimi al panorama internazionale. Costume, fantasia e sogno si intrecciavano nelle opere di Fellini (che recentemente ha vinto il suo terzo Oscar, questo "alla carriera"), politica, letteratura e tematiche sociali erano alla base nelle produzioni di questi ultimi. Si può sicuramente affermare che nessuno scrittore o uomo di cultura italiano d'oggi - con l'eccezione di Umberto Eco - può vantare la fama internazionale di questi registi cinematografici. Se dopo il contributo del Melodramma, l'Italia è tornata a dare, facendosi ascoltare, un suo messaggio culturale al mondo, essa lo ha fatto con il cinema.

Dopo una crisi di idee e di distribuzione durante gli anni '80, la cinematografia italiana è tornata ad offrire opere di grande volore: i due Oscar per il "miglior film straniero" (1990 e 1992) vinti da Giuseppe Tornatore con <u>Nuovo Cinema Paradiso</u> e da Gabriele Salvatores con <u>Mediterraneo</u>, ne sono una testimonianza. Entrambi i registi fanno parte della nuova generazione di autori, una nuova scuola che ha riscoperto e ha riproposto le caratteristiche più tipiche e vere della gente italiana: passionalità, fantasia e solarità.

4. Il Festival del cinema di Venezia

Il settimanale "Ciak" regala ogni giorno delle schede sui partecipanti al famoso Festival del cinema di Venezia. Qui sotto ci sono i quattro film più importanti con i relativi protagonisti. Le schede però devono essere completate. Chiedi allo studente/la studentessa B di darti le informazioni mancanti e inseriscile negli spazi vuoti (a sua volta lo studente/la studentessa A ha bisogno di altre informazioni e ti farà delle domande).

Puoi chiedere informazioni su:

Da quanto tempo recita	Qual'è il suo ruolo nel film
Quale film presenta al festival	Quali altri attori e attrici vi recitano
Progetti di lavoro per il futuro	Genere del film

FILM 1: **La vita dolce**
con Anita Mastroianni

FILM 2: **La bicicletta del ladro**
con Grillo Leonardi

Data di Nascita	_____	5 Settembre 1973
Luogo di Nascita	Spoleto	_____
Luogo di Residenza	Roma	_____
Durata della carriera	_____	Esordiente
Film in concorso	_____	_____
Genere del film	Commedia all'italiana	_____
Ruolo nel film	_____	Il mostro assassino
Compenso ricevuto	Cento milioni di lire	_____
Progetti per il futuro	_____	Completare gli studi all'istituto tecnico
Passatempo preferito	Andare in palestra, lettura di classici	_____

FILM 3: **Il nipote del Padrino**
con Santino Merola

FILM 4: **Il paradiso del cinema**
con Patrizia Degli Ubaldini

Data di Nascita	_____	20 gennaio 1965
Luogo di Nascita	Pisa	Roma
Luogo di Residenza	_____	_____
Durata della carriera	Primo film fatto nel 1985	_____
Film in concorso	_____	_____
Genere del film	Drammatico	_____
Ruolo nel film	_____	La cassiera del cinema
Compenso ricevuto	_____	£ 100.000 per giorno di lavoro
Progetti per il futuro	Scrivere musica per film	_____
Passatempo preferito	Cucinare, guardare la TV	Dormire fino a tardi, andare in discoteca

Adesso, controlla nel libro di B se le risposte sono esatte. Quando hai finito, insieme al tuo compagno/alla tua compagna, prova a costruire la trama di ciascun film in concorso.

La vita dolce _____
_____

La bicicletta del ladro _____
_____

Il nipote del padrino _____
_____

Il paradiso del cinema _____
_____

5. Una famiglia italiana

Qui sotto c'è il disegno di una tipica famiglia italiana di cinque persone. Devi descrivere allo studente/la studentessa B, rispondendo alle sue domande, tutti e cinque i familiari nel modo più accurato possibile. Usa aggettivi precisi sia per l'aspetto fisico che per quello psicologico. Poi secondo la tua descrizione B disegna i cinque personaggi. Alla fine confrontate le due versioni, la tua e la sua. Anche lo studente/la studentessa B ha un disegno di una famiglia italiana della quale devi disegnare i componenti, secondo la descrizione fatta da B.

Esempio:
Stud.B: "Parlami del padre. E' vecchio? Quanti anni dimostra?"   Tu: ...
Stud.B: "E' grasso? Ha la barba? Ha i capelli ricci?"   Tu: ...

| PADRE | MADRE | FIGLIO | FIGLIO | FIGLIA |

Disegna qui sotto i personaggi della famiglia dello studente/la studentessa B:

Il fidanzamento e il matrimonio

In Italia la tradizionale cerimonia di fidanzamento è quasi del tutto scomparsa. Sopravvive soltanto in piccoli centri di zone agricole e rurali, soprattutto al Sud. Si trattava di una cerimonia, più o meno formale, in cui oltre alla promessa reciproca di matrimonio da parte dei due innamorati, aveva luogo anche l'incontro "ufficiale" delle rispettive famiglie. Dopo ciò i due giovani potevano frequentarsi, nel rispetto però della morale più severa.

Naturalmente nella società di oggi, non più contadina ma industriale, dalle dinamiche sociali complesse e meno rigide questa abitudine non è sopravvissuta. Come tutti i coetanei occidentali, anche i giovani innamorati italiani si incontrano a scuola, in discoteca, a passeggio nei centri urbani, ormai liberamente e senza che le famiglie impongano determinate scelte e comportamenti.

Anche le definizioni di "fidanzato" e "fidanzata" sono caduti un po' in disuso ed oggi designano soprattutto i componenti di coppie che hanno prospettive di matrimonio. I giovani che si "mettono insieme" e che hanno relazioni meno definitive preferiscono usare termini meno seriosi, come "ragazzo" e "ragazza", sentiti anche meno impegnativi per il futuro.

Il matrimonio invece, sia nella forma civile che in quella religiosa, mantiene un'importanza notevole nella società italiana. Gli sposi e le rispettive famiglie preparano l'avvenimento con grande cura: mandano inviti ai parenti ed amici, scelgono i vestiti (la sposa indossa di solito l'abito bianco e lo sposo un abito scuro) e gli addobbi della chiesa o del municipio. Alla cerimonia segue un pranzo o un rinfresco con numerosi ospiti, dove viene tagliata la "torta nuziale", ed il giorno seguente gli sposi partono per il viaggio di nozze. Il nucleo familiare è considerato dalla legislazione come il gruppo di base della società italiana, perciò il matrimonio è un momento fondamentale per la comunità civile e/o religiosa. Ciò nonostante, nel paese, il numero dei matrimoni è diminuito rispetto al passato e al tempo stesso l'istituzione del divorzio ha sciolto molte unioni matrimoniali: un altro segno delle trasformazioni sociali che sono avvenute in Italia e che spesso i vecchi e falsi stereotipi nascondono.

6. Un vestito per la festa di fidanzamento

I vostri amici (tuoi e di B) Antonio e Giovanna hanno acquistato un vestito nuovo per la loro festa di fidanzamento. Fai delle domande allo studente/la studentessa B per trovare tutte le informazioni sulla scelta di abbigliamento fatta dagli amici. Altèrnati con B nel fare le domande. Quando avete finito confrontate le tavole. Prima di iniziare, metti a punto la forma e il tipo di domande da fare. Ad esempio:

Dove ha comprato l'abito...? Che stile è?   Che taglia è?   Quali colori ha scelto...?
Ha comprato anche degli accessori?   Quali?   Quanto ha speso...?

Alla fine, con tutte le informazioni discutete tra voi sulle scelte fatte dagli amici, se siete d'accordo con loro, se hanno gusti simili, se sono una coppia "giusta".

	Abito Antonio	**Abito Giovanna**
NEGOZIO SCELTO:	Viale Giusppe Verdi 2	Fiori di Pesco
STILE ABITO:	Classico spezzato	
TAGLIA:	—	42
I DIVERSI CAPI E I COLORI	Pantaloni neri	Maglia con motivi floreali verdi, rosa e viola
	Camicia bianco perla	Spolverino rosa pastello
	Cravatta "bordeaux"	
IL TESSUTO:		Maglia di lana angora Misto seta/poliammide
GLI ACCESSORI:	Scarpe mocassino neri	Scarpe con tacco alto nere
	Cinta di pelle nera	
IL PREZZO:	Oltre il milone e mezzo	
LO SCONTO:		£ 30.000 sulle scarpe
ALTRE INFORMAZIONI:		Accompagnata a fare spese dalle amiche

La casa

La maggior parte degli italiani vive in appartamenti di loro proprietà, ma solo una piccola parte privilegiata può permettersi una casa unifamiliare, magari con giardino e garage.

La casa è considerata il miglior investimento finanziario perciò famiglie e "singoli" cercano di comprarne una, con prestiti bancari e mutui vari. La casa "media" italiana ha una cucina, un bagno, una, due camere e un soggiorno, un terrazzo. A questo modello standard sono poi state aggiunte un'infinità di varianti (cucinotto, tinello, doppi servizi, angolo cottura, saloni, ecc.).

Il problema più grande per chi vuole acquistare una casa è il prezzo, che in Italia ha raggiunto livelli veramente proibitivi. Nei centri storici di città come Milano, Roma o Firenze un appartamento costa molto di più che a Parigi, Londra o Manhattan. Inoltre è molto difficile trovare case economiche anche andando verso le periferie o la campagna.

La "fame di case" ha spinto molte amministrazioni comunali a costruire le "case popolari", complessi residenziali offerti a prezzi controllati, costruiti nelle periferie delle città. Questi provvedimenti hanno risolto in parte il problema ma hanno creato talvolta dei veri e propri "mostri urbani", senza spazi verdi, servizi, negozi, dove spesso è pericoloso uscire la sera.

Da poco si è sviluppata la tendenza alla cooperazione: gruppi di persone che riuniscono le loro finanze per costruire insieme i loro appartamenti: così si riducono le spese mantenendo una buona qualità, dato che tutti sono interessati e non ci sono intermediari per la costruzione e la compravendita.

Per coloro che hanno possibilità economiche maggiori, l'Italia dà l'opportunità di case in luoghi assolutamente meravigliosi, ville su golfi sul mare, ville in colline sui laghi, casali e rustici nelle campagne, case patrizie rinascimentali nei centri storici, attici con vista sulle città. Beato chi può comprarle!

7. La casa (esterno)

Ecco una bella casa di una zona residenziale. Lo studente/la studentessa B ha un disegno simile ma incompleto: aiutalo/a a completarlo suggerendo le diverse collocazioni degli elementi. I suoi elementi mancanti sono disegnati in basso alla pagina, sotto il disegno. Lo studente/la studentessa B può farti domande di tutti i tipi ma <u>non deve vedere il tuo libro</u>. Alla fine confrontate i disegni.
Quando B ti chiede dove sono i vari elementi, tu puoi rispondere usando frasi del tipo:

"C'è un'altalena vicino <u>alla</u> siepe".
"Intorno <u>al</u> tavolo <u>da</u> giardino ci sono due sedie, e vicino c'è un ombrellone".

8. La casa (interno)

Qui sotto c'è il disegno da completare dell'interno di una casa. Più in basso sono raccolti gli oggetti da inserire, es. elettrodomestici, mobili, tavoli, sedie, ecc.. Lo studente/la studentessa B deve dirti dove questi elementi devono essere collocati, e tu li puoi disegnare nel giusto posto. Puoi fare domande a B ma per nessun motivo devi guardare il suo disegno. Alla fine confrontate i disegni.
Puoi fare domande del tipo:

"Dov'è il televisore?"
"Ci sono poltrone?"

Cerca di stimolare B ad essere preciso e dettagliato. Ad esempio:

"Puoi ripetere per favore?"
"Puoi essere più preciso/a? Puoi spiegarmi meglio dove ...".
"Che tipo di tavolo/quadri/libri ci sono?"

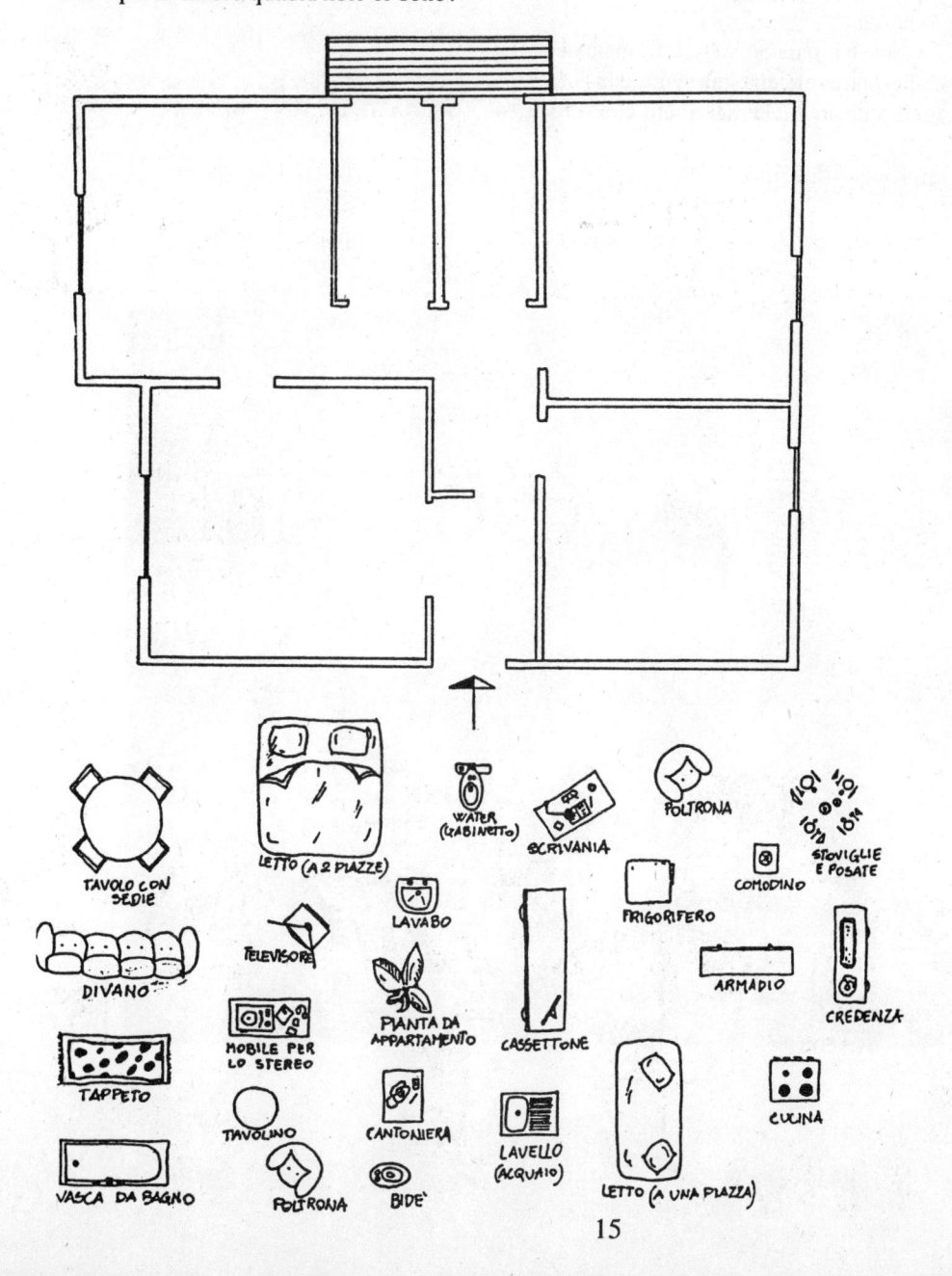

9. Chi trova un amico trova un tesoro

Avere un amico è molto importante. Qui sotto ci sono le foto dei tuoi migliori amici, Federico e Simona. Lo studente/la studentessa B, che è una persona molto sola, vorrebbe conoscerli ma è timido/a e preferisce avere notizie su di loro prima di frequentarli. Per questo ti farà alcune domande. Prima di iniziare, nei riguardi di Federico e Simona, rifletti su:

- dove vi siete incontrati la prima volta
- cosa è successo
- da quanto tempo lo/la conosci
- di dove è
- dove vive
- il suo nome e la sua età
- il suo lavoro o la sua attività
- i suoi interessi
- eventuali progetti comuni a breve e a lunga scadenza
- perché ti trovi bene con lui/lei
- cosa fai di solito con lui, con lei, quando siete tutti insieme
- ricorda di qualche episodio piacevole che hai avuto con loro
- ricorda qualche episodio drammatico che hai avuto con loro

Puoi iniziare con un approccio del tipo:

"Invece di stare sempre da solo/a, perché un giorno non esci con un mio amico/una mia amica?"

10. Le buone e cattive abitudini

Scopri le abitudini quotidiane dello studente/della studentessa B con delle domande. Prima di iniziare pensa a come fare le domande, poi chiedi e rispondi, alternandoti con B. Per definire "la frequenza di un abitudine" devi usare le diverse formule con avverbi ed espressioni di tempo illustrate qui sotto.

<---- MAGGIORE FREQUENZA   MINORE FREQUENZA ---->

Sì, sempre   Sì, spesso   Qualche volta   No, raramente   No, mai

CHIEDI ALLO STUDENTE/ALLA STUDENTESSA B SE:

Si lava i capelli ogni giorno. ....

Si mette le dita nel naso. ....

Fa più di venti telefonate al giorno. ....

Prende un cappuccino per colazione. ....

Cerca di farsi pagare la cena da qualcuno. ....

Si risveglia di buonumore al mattino. ....

Arriva tardi in classe. ....

Sgranocchia mentine, caramelle e patatine. ....

Guarda il notiziario TV delle 20.00. ....

Spende i soldi del pranzo giocando in sala giochi. ....

Pratica un po' di sport. ....

Corteggia persone del sesso opposto. ....

Si ubriaca ai concerti di musica rock. ....

Legge i quotidiani. ....

Spia i vicini di casa. ....

Va a letto dopo mezzanotte. ....

Ascolta lo stereo ad alto volume. ....

Guida senza scarpe. ....

Alla fine confrontate le vostre abitudini più o meno comuni.

La cucina

L'arte di cucinare i cibi ha grande importanza e tradizione. Ogni regione è famosa per la creazione di ricette e specialità diverse che sono diventate patrimonio comune. Dal Nord, al Centro, al Sud il tipo di cucina ed il modo di preparazione dei cibi - pasta carni pesce contorni - varia in maniera sensibile, così com'è diverso l'uso di spezie ed erbe aromatiche, e vini.

I molti piatti tradizionali conosciuti nel mondo, spesso esportati dagli emigranti - dagli spaghetti alle lasagne ai tortellini alla zuppe di pesce alla pizza - sono solo una piccolissima parte del patrimonio gastronomico italiano, che può offrire una selezione smisurata di specialità.

La cucina è considerata in Italia la prima manifestazione di cultura, la più elementare e la più autentica: attraverso il cibo, molto spesso, gli italiani misurano (a torto o a ragione) il grado di civiltà di un paese o di un popolo, perché si dice che "se a mangiare son capaci tutti, è a preparare un pranzo che si vede l'arte e l'ingegno dell'uomo (o della donna)".

In Italia, anche se i ritmi della vita moderana hanno cambiato certe abitudini alimentari - specie per il pranzo -, sedersi a tavola per mangiare, in famiglia, con amici, o persino da soli, è un momento di grande importanza che a volte diviene rito. Il pranzo tradizionale della domenica composto da primo, secondo, contorno, pane, frutta e dolce è ancora un appuntamento fisso della settimana degli italiani. "A tavola non s'invecchia" dice un proverbio: a tavola si può stare per ore perché il cibo è anche occasione di conversazione, discussione, risate, scambio di idee, non solo di nutrimento.

Molti in Italia amano l'arte di cucinare. Lo fanno per passatempo, per rilassarsi dopo il lavoro, per piacere personale, per professione. L'accusa che si può muovere agli italiani è allora di indulgere troppo ai "piaceri del palato", nella quantità e nella elaborazione delle pietanze. Poco male. Da qualche anno è stata riscoperta l'importanza della "dieta mediterranea", che insieme alla grande digeribilità ed al basso contenuto di colesterolo, assicura il giusto apporto di carboidrati, proteine e grassi. Si tratta di alimenti "poveri", che vengono dalla tradizione contadina: pasta, pomodori, olio di oliva, pane "nero", ortaggi. Alla naturale bontà dei prodotti genuini si accompagna così una ricerca dei sapori e degli aromi più veri del passato: davvero una cultura del cibo.

11. Prepareriamo un menù

Tu e lo studente/la studentessa B dovete accordarvi per preparare il giusto menu per quattro diverse situazioni. Qui sotto c'è una lista di prodotti e ingredienti che puoi utilizzare; confrontali con quelli di B ed organizzatevi in modo da ottenere un'ampia possibilità di scelta.

Pensa ad un menu adatto (includi il primo, il secondo, il dolce e una bevanda) considerando che gli ospiti saranno:

1. tua zia e tuo zio vengono a pranzo con i loro bambini di sei e otto anni;

2. due vecchi amici vengono a cena; uno di essi è vegetariano;

3. un possibile socio di affari viene a cena con sua moglie;

4. un/una collega di lavoro viene a casa tua per una romantica cena a lume di candela.

Gli ingredienti a tua disposizione sono:

rigatoni	pollo
vitella	cavolfiore
carote	peperoncino
spinaci	peperoni
grissini	parmigiano
ostriche	mozzarella
prezzemolo	aglio
patate	funghi
riso	burro
pomodori	spezie aromatiche
pecorino	orata
minestrone	bietola
polpo	molluschi vari
torta di mele	coniglio

Puoi iniziare con una domanda tipo:

"Che cosa prepari 'di secondo'?"

e poi continuare proponendo e motivando le tue scelte verso un piatto piuttosto che un altro. Usa strutture del tipo:

"Penso di fare... Penso di preparare... Preferisco... Voglio cucinare... Propongo..."

I quattro menu sono:

12. Vendesi

Lo scorso anno hai comprato una bellissima bicicletta granturismo al prezzo di £ 750.000. Adesso hai deciso di acquistare un'auto e hai bisogno di soldi. Hai messo un'inserzione pubblicitaria sul giornale per vendere la bici.

```
AAA Vendesi Bicicletta
1 anno - prezzo trattabile
Bicicletta gran turismo
2 moltipliche / 5 rapporti: 10 velocità
sellino anatomico
ruote da 28' lega leggera
tubolari corsa
telaio al titanio ultraleggero (Kg.5)
Accessoriata con fari ant. e post.
Contachilometri
Utensili: cavafascioni, pinze, fili freni
         di ricambio, mastice per forature
VERO AFFARE!!!  Per informazioni:
Tel. 410641   (Francesco Chiccioli)
```

lo studente/la studentessa B ti telefona perché è interessato/a ad acquistare la bici. Prima di iniziare osserva il disegno e le caratteristiche del mezzo per poterlo descrivere bene. Decidi anche il prezzo che vuoi chiedere e il tipo di pagamento. Se infine vi trovate d'accordo, fissa un appuntamento con B per far provare la bicicletta.

Puoi iniziare con un approccio del tipo:
"Pronto? Questo è il 410641... Chi parla?

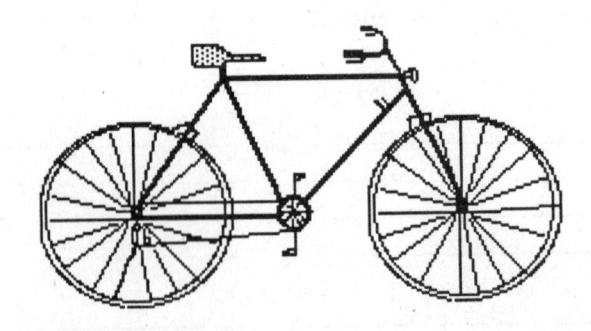

13. Il fine settimana: che fare?

Oggi è sabato e devi discutere con B per decidere dove andare domani. Nella sezione speciale del quotidiano "Il Telegrafo" (a pagina seguente) puoi trovare una soluzione soddisfacente per entrambi. Dovete completare il dialogo: prima di iniziare leggi la tua parte, così da capire ciò che dovrai dire allo studente/alla studentessa B. Appena avete finito di leggere il vostro "copione", potete iniziare a lavorare. Inizi tu.

1. Tu: Cosa facciamo domani, (*nome dello studente B*)? Non ho proprio voglia di passare un'altra giornata in casa a guardare la televisione!
    (B):...

2. Tu: Boh, non so... non ho idee. Fammi dare un'occhiata al giornale di oggi, nella "Guida al fine settimana". Magari trovo qualcosa di interessante!
    (B):...

3. Tu: Cosa c'è di buono? Fammi vedere anche a me!
    (B):...

4. Tu: No, preferirei di no. Non ho proprio voglia di ...(*proposta di B*).
    (B):...

5. Tu: Dove? Cosa ci sarebbe in programma? ... e chi suona? Di solito in questa città vengono soltanto musicisti sconosciuti e scadenti!
    (B):...

6. Tu: No, è meglio di no. Il biglietto è troppo caro e poi ... (*trova una'altra scusa divertente per non andare*)
    (B):...

7. Tu: Perché invece non verresti ad una mostra? C'è sempre bisogno di allargare la nostra cultura!
    (B):...

8. Tu: Guarda qui! Il giornale dice che ci sono due belle mostre. Ecco... (*riferisci al "Telegrafo "*)... e poi magari potremmo incontrare qualche turista che ha bisogno di aiuto!
    (B):...

9. Tu: Va bene, va bene, non ti arrabbiare... Era soltanto un'idea!
    (B):...

10. Tu: Ah! È tanto tempo che non vado a vedere (*proposta di B*). Dov'è che si svolge?
    (B):...

11. Tu: D'accordo, mi hai convinto! Voglio seguire il tuo consiglio: vada per ... (*la scelta fatta*). Ma speriamo almeno di divertirci, questa volta!
    (B):...

Il Telegrafo

Avvenimenti Sportivi della domenica

Partita di Calcio
Semifinale della Coppa Italia di Calcio
Stadio Comunale "Picchi" Ore 15.30
Inter - Juventus
Biglietti d'ingresso:
Tribuna £ 20.000 - Curva £ 10.000

Incontro di Pallacanestro
Campionato di Serie A 1
Palazzetto dello Sport Ore 17.00
Libertas Livorno - Philips Milano
Posto unico £ 12.000

Automobilismo
Arrivo della Tappa del "Giro d'Italia"
Pontedera - Pisa a cronometro
Pisa, p.za dei Miracoli
Inizio arrivi ore 12.00
Ingresso libero

Mostre e gallerie d'arte in corso

I pittori del Rinascimento a Firenze
Mostra dei maggiori esponenti del Rinascimento
fiorentino dal primo 1400 al tardo 1500
Galleria degli Uffizi, Firenze
Orario 9.00 - 18.00 Ingresso £ 5.000

I dipinti di Amedeo Modigliani
Gli ultimi lavori del maestro livornese
Museo di arte moderna - Roma
Apertura 10.00 Chiusura 19.00
Biglietto unico £ 7.000

Altri avvenimenti della domenica

Concerti
Metallo Fuso Stadio dei Pini-Ore 21.00-£20.000 (Rock)
Orchestra regionale toscana Auditorium-Ore 20.00-£15.000 (Clas.)
Cavalleria Rusticana-Teatro Centrale-Ore 20.30 (Opera)

Viaggi ed Escursioni
TOURING CLUB - Viaggio a Venezia
In lussuoso pullman
Partenza ore 7.00-Arrivo ore 22.00
Prezzo (pranzo escluso) £40.000

La famiglia

La famiglia italiana in questi ultimi anni è cambiata profondamente. Essa è ancora alla base della società, con i suoi forti legami affettivi e culturali, ma ha modificato la sua struttura e i suoi dinamismi, soprattutto nelle aree urbane.

Poiché il tasso di natalità in Italia è il più basso di tutti i paesi europei, il numero dei componenti si è notevolmente ridotto: oggi un nucleo familiare ha in media meno di due figli. A questo fenomeno hanno contribuito molti fattori, in particolare le difficoltà economiche; il diverso ruolo della donna, non più casalinga ma lavoratrice anch'essa come l'uomo; la trasformazione della società, da agricola a industriale e terziaria; la diffusione dei sistemi di controllo delle nascite.

Naturalmente questo cambiamento è più grande nelle aree culturalmente ed economicamente più avanzate, ed è molto minore nelle zone più arretrate e povere. Nel primo caso la coppia sposata vive sola, il marito e la moglie lavorano e hanno cura della casa e delle faccende domestiche, e se hanno figli, questi crescono in modo più indipendente. Nel secondo caso, nella famiglia tradizionale, più generazioni convivono all'interno della casa - spesso i nonni, i genitori di uno degli sposi -, il marito lavora e la moglie casalinga si occupa della casa e dei figli.

In entrambi i casi tuttavia, nella società italiana, i figli rimangono in famiglia molto più a lungo che in altre società occidentali, in genere finché essi, a loro volta, non si sposano.

Questo atteggiamento è un aspetto del cosiddetto "mammismo" degli italiani, cioè, della loro difficoltà a svincolarsi e a rendersi indipendenti. Evidentemente insieme ai problemi oggettivi creati dalla difficoltà che i giovani hanno a trovare un lavoro, dal costo eccessivo delle case, dalla mancanza di sussidi per gli studenti da parte dello Stato, sul comportamento degli italiani pesa ancora molto la tradizione (anche cattolica).

Spesso i giovani non si sforzano ad essere più responsabili o non si impegnano "in prima persona", contando troppo sulla famiglia; di frequente i genitori stessi impediscono ai giovani (alle ragazze, in particolare) di andare a vivere per proprio conto. Il fenomeno è comunque in diminuzione e anche la famiglia italiana sta diventando sempre più equilibrata e meno oppressiva, più europea, in fondo.

14. Amici dall'Italia

Lo studente/la studentessa B ti mostrerà una vecchia fotografia di un suo amico italiano e della sua famiglia. La foto ti incuriosisce molto e cerchi di saperne di più. Oltre a fare domande di carattere generale, puoi fare domande del tipo:

- Quando è stata scattata la foto?
- Quale componente della famiglia è il tuo amico?
- Come si chiamano le persone nella foto?
- Quanti anni hanno nella foto?
- Dove vivono?
- In quale occasione è stata scattata la foto?
- Qual'è l'atmosfera della foto?

Adesso cerca di preparare altre dieci/quindici domande per conoscere meglio le persone e indagare su che cosa è successo il giorno in cui la foto è stata scattata. Inizia B.

Le vacanze

Per le vacanze, gli italiani prediligono il mare. Le spiagge del Sud, delle isole, delle riviere ligure, romagnole e della Versilia ogni estate accolgono milioni di bagnanti. In Italia, ogni lavoratore ha diritto a circa 4 settimane di ferie all'anno, che possono essere prese a piacere; in realtà, poiché le industrie del Nord chiudono nel mese di agosto, è proprio in questo periodo che si verifica il maggior movimento di vacanzieri. Macchine stracariche di bagagli in fila ai caselli delle autostrade portano al mare e al sole chi vive in città per undici mesi all'anno.

Lo scenario dell'agosto in spiaggia è vario: alcuni si impegnano in giochi da spiaggia come le bocce o la pallavolo, altri fanno un po' di ginnastica per perdere il grasso accumulato in inverno, altri si abbandonano in letture sotto l'ombrellone, altri, più normalmente nuotano o prendono il sole. I giovani (ma anche i meno giovani) dei due sessi si impegnano in corteggiamenti assidui, al bar, in discoteca, sui lungomare.

Anche la montagna riscuote comunque un buon successo: i sentieri e le vie di roccia delle Alpi o le grandi escursioni appenniniche sono meta di molti amanti della natura e del silenzio, soprattutto giovani.

Un numero sempre maggiore di italiani sceglie per le vacanze l'estero: New York, Londra, Scandinavia, e isole tropicali esercitano un grande fascino sull'immaginario collettivo.

Durante l'estate in Italia arrivano tradizionalmente turisti da tutto il mondo, attratti dalle opere e dalle città d'arte. Negli ultimi anni c'è stata però una diminuzione delle presenze di stranieri dovuta sia ai prezzi troppo alti di alberghi e ristoranti, sia alla qualità dei servizi, trasporti, musei, ecc. troppo spesso non adeguata al valore del patrimonio artistico italiano.

15. Una vacanza invernale nel "Bel paese"

L'anno scorso hai trascorso le vacanze invernali in Italia e naturalmente hai fatto moltissime fotografie. Qui sotto ci sono le più significative: devi mostrarle allo studente/la studentessa B. Descrivi le foto e parla delle tue vacanze a B.
Prima di iniziare ripensa a ciò che è successo e preparati su:

---

1. le fotografie:

dove sono state fatte; il nome dei soggetti (cose, luoghi, ecc.); chi sono le persone; con quale attrezzatura le hai fatte; perché le hai scattate; ecc.

2. le vacanze:

dove sei andato/a; quanto sei stato/a in vacanza; con chi sei andato/a; che cosa hai fatto là; com'era il tempo; chi hai conosciuto; se ti sei divertito/a; quanto hai speso; ecc.

Inizia raccontando a B delle tue vacanze in Italia, spiegando dove e quando le foto sono state fatte. Poi rispondi alle domande che B ti farà.

16. Una vacanza estiva nel "Bel paese"

Lo studente/la studentessa B ti vuole raccontare della sua vacanza in Italia e mostrare le migliori fotografie che ha scattato. Tu, che non sei mai stato in Italia, sei curioso di sapere il più possibile e gli farai alcune domande.
Qui sotto ci sono alcuni spunti per le domande, ma tu devi prepararne molte altre.

1. le fotografie:

dove le hai fatte?; che cos'è questo/a?; chi sono queste persone?; le hai conosciute nella vacanza?; che attrezzatura fotografica hai?; ecc.

2. le vacanze:

dove sei andato/a?; quanto sei stato in vacanza?; è stato interessante/ divertente/ bello?; con chi sei andato/a?; dove hai alloggiato?; che cosa hai fatto?; ecc.

Fai attenzione: B inizia raccontando dove e quando le foto sono state scattate e per proseguire si aspetta che tu faccia "galoppare" la tua curiosità.

Gli italiani e la televisione

Naturalmente anche l'Italia fa parte del "villaggio globale". In ogni casa, per molte ore al giorno, uno, due o più televisori - ormai quasi tutti a colori - tengono incollati uomini, donne e bambini ai loro programmi. Per tutti i possessori di un televisore è obbligatorio pagare un "canone" annuale (nel 1993: £150.000) che permette la visione dei tre canali "di Stato" cioè controllati dal Governo, le tre reti R.A.I. - RaiUno, RaiDue e RaiTre. Oltre a queste reti pubbliche sono presenti alcuni network privati a diffusione nazionale (tra cui le più importanti sono le reti FININVEST, Canale 5, Italia 1 e Rete 4) nonché un gran numero di canali locali privati. Le reti private sono completamente gratuite e si sostengono con la pubblicità e i suggerimenti commerciali che vengono trasmessi durante ogni programma. Da poco sono stati introdotti anche in Italia due "canali a pagamento" -TELE+ 1&2- che trasmettono 24 ore su 24 film e sport. Stando alle statistiche, gli italiani preferiscono guardare le partite di calcio, i film, gli spettacoli del sabato sera, i "telegiornali".

Attualmente esiste una grande competizione tra la RAI e la FININVEST per raggiungere il più alto "indice di ascolto". Le reti pubbliche mirano ad una programmazione più varia, cercando di offrire ad ogni fascia di utenti un programma adatto: notiziari, film, documentari, programmi culturali ed educativi, sport e spettacoli; le reti commerciali prediligono invece un palinsesto più "leggero": film, telefilm, telenovelas, giochi a premi, sport.

Per lo spettatore, la rivalità tra le reti televisive è comunque proficua e positiva perché ha contribuito a migliorare moltissimo la qualità delle produzioni, e permette di scegliere tra una grande varietà di programmi a disposizione. In definitiva si può dire che il sistema televisivo italiano è tra i più interessanti del panorama europeo.

17. Chi l'ha visto?

Sei il conduttore del programma televisivo "Chi l'ha visto?", il famoso Pippo Baldo. A te si rivolgono i familiari e gli amici di persone scomparse perché attraverso la TV si possa fare una ricerca capillare. Il caso di oggi riguarda una persona abitante a Roma, scomparsa da alcune settimane. Lo studente/la studentessa B è un telespettatore/una telespettatrice che crede di aver visto la persona scomparsa e tu devi fargli/farle domande per avere una testimonianza. Devi anche riempire il modulo alla pagina seguente, che poi sarà dato alla Polizia.

Puoi cominciare con una domanda tipo:
"Buona sera. Sono ... e vorrei farle alcune domande sulla persona che ha visto."

poi potresti concludere così:
"Molte grazie Signor/Signora ... La sua testimonianza è stata molto importante. Con queste informazioni riusciremo a trovare la persona scomparsa. Grazie per il suo aiuto.

Prima di iniziare preparati le domande "di rito" da fare al testimone:
Che cosa faceva lei quel giorno?   Che giorno era?
Perchè si ricorda bene della persona scomparsa?   E'sicuro/a che sia proprio lui?
Era un uomo o una donna?   Era alto/basso/grasso/magro/ecc.?
Capelli? Vestiti?   Segni particolari?

Hai mai visto un film "giallo"? Bene, mettiti nei panni dell'investigatore e fai tutte le domande che consideri importanti. Alla fine confronta la deposizione del testimone con la foto della persona scomparsa per vedere se la testimonianza è stata veritiera.

Appunti:

_____

_____

_____

_____

_____

_____

_____

_____

RAI-RADIOTELEVISIONE ITALIANA

Pippo Baldo presenta "Chi l'ha visto?"

Modulo di partecipazione alle ricerche

Nome del testimone: ....

Indirizzo: .... Numero telefonico: ....

Luogo e circostanze dell'avvistamento: ....

....

Connotati e contrassegni salienti della persona scomparsa

SESSO: maschile ☐ femminile ☐

ETA': Approssimativamente ....

ALTEZZA: Approssimativamente ....

COSTITUZIONE: grassa ☐ robusta ☐ normale ☐ magra ☐

COLORE CAPELLI: neri ☐ castani ☐ biondi ☐ rossi ☐ altri colori ....

TIPO DI CAPELLI: lunghi ☐ corti ☐ lisci ☐ ricci ☐ ondulati ☐ calvo ☐

COLORE OCCHI: neri ☐ bruni ☐ celesti ☐ verdi ☐ altri colori ....

Segni e/o caratteristiche fisiche particolari

....
....

Altre osservazioni utili
(comportamento, abbigliamento, accento, ecc.)

....
....
....
....
....
....

Data trasmissione .... testimone, in fede ....

Il bar

Il bar è il locale pubblico più diffuso in Italia. Qui è possibile prendere non solo un espresso, un cappuccino, o un liquore, ma anche mangiare paste, spuntini salati e comprare un gelato.

L'ambiente del bar varia secondo l'ora e la zona della città in cui si trova. Nei bar delle zone centrali e di lavoro, al mattino possiamo trovarvi soprattutto gente che fa colazione, di solito in piedi "al banco" (con un servizio più rapido e meno caro), con caffè e cornetti; più tardi, specialmente nei bar centrali o presso luoghi di lavoro, vi incontriamo persone che non potendo tornare a casa per il pranzo, prendono un panino o un tramezzino con una bevanda. Nel pomeriggio ed a sera questo tipo di bar assume una fisionomia più tranquilla e rilassata: se è bel tempo, la gente si siede all'aperto, ordina qualcosa da bere e si diverte a guardare i passanti e a parlare "del più e del meno".

Nei paesi, nelle periferie e nelle zone densamente abitate delle città, il bar è un ambiente un po' diverso, essendo un punto di aggregazione soprattutto maschile. Dopo il lavoro o dopo cena molti uomini del quartiere hanno l'abitudine di ritrovarsi al bar per giocare a carte o a biliardo, per discutere di sport, di politica o per chiacchierare del più e del meno. Questo comportamento oggi in diminuzione, era tipico di un periodo in cui i ruoli dell'uomo e della donna erano rigidamente fissati: lei in casa per le faccende domestiche ed i figli, lui al lavoro ma con il diritto di uscire per distrarsi e divertirsi. Ovviamente oggi la donna esce più spesso, con amiche o col partner, ed accanto ai vecchi bar di periferia sono sorti eleganti bistrot o raffinati locali dove si beve, si ascolta musica, si mangia e si incontra gente.

18. Chiacchierando tra amici al bar

Molti italiani amano trascorrere il tempo al bar parlando di "tutto un po'". Prova anche tu ad iniziare una conversazione e proseguirla solo per il "piacere di parlare"

1. Conversazione "non impegnata"

Ecco un possibile approccio per una conversazione di sport tra amici:

Tizio: "Mi sembri su di giri oggi ... (*nome*)."

Caio: "Sì, infatti lo sono. Sono andato alla partita ieri, e ho visto proprio una gran bella squadra!"

Usando questo canovaccio prosegui la conversazione con il/la tuo/a compagno/a. La tua parte sarà quella di "Caio".
Prima di iniziare preparati in modo di sapere che cosa potresti dire. Ad esempio:

Qual'è la tua squadra   Con chi eri
Perché la tua squadra ti è piaciuta   Come è finita la partita
Quali azioni sono state le più entusiasmanti   C'erano molti tifosi   Ecc.

Lo studente/ la studentessa B inizia.

2. Conversazione "impegnata"

Ecco un diverso possibile approccio per una conversazione di politica tra amici:

Tizio: "Hai visto il telegiornale stasera? Il governo ne ha fatta un'altra delle sue!"

Caio: "Mi dispiace, ...(*nome*), ma ho lavorato fino a tardi e non l'ho potuto vedere."

Questa volta prendi il ruolo di "Tizio". Prima di iniziare pensa a quello che potresti chiedere. Ad esempio:

Che tipo di iniziativa ha preso il governo?
Perchè Caio non è d'accordo con il governo?
Quale ministro lo ha proposto e a che partito appartiene?
Quali parti sociali penalizza?
Ci sono state altre notizie importanti nel telegiornale? Di cronaca nera; di politica estera; culturali.

Adesso inizi tu.

Verso una società multirazziale

In questi ultimi anni in Italia si sta assistendo ad una trasformazione straordinaria: i mutamenti di assetto nell'Europa e le condizioni di vita sempre più precarie dei paesi del Terzo e Quarto Mondo, stanno cambiando anche l'aspetto della penisola. Uomini e donne provenienti dai paesi nordafricani, dall'est europeo e persino dall'Oriente si sono trasferiti in Italia con la speranza di una vita migliore. La realtà che trovano è invece durissima: non sempre, infatti, essi hanno un lavoro e una sistemazione decente, sono costretti a vivere "alla giornata", in condizioni precarie, e spesso sono vittime di sfruttamento e violenza.

La società italiana si è trovata impreparata ad accogliere questo flusso di immigrati (per i quali è stata creata la definizione di "lavoratori extracomunitari" ovvero esterni alla Comunità Europea) e soltanto da due anni esiste una legge che cerca di regolarizzare questa situazione.

Gli italiani sono di fronte ad un problema sconosciuto (o quasi) fino a adesso: la convivenza multirazziale. In grandi città ma anche in centri di provincia è normale incontrare persone dai tratti somatici asiatici, dalla pelle nera, dai capelli biondissimi; si possono udire lingue dei più svariati ceppi linguistici; si vedono persone professare religioni non cristiane.

Il fenomeno è in corso e i problemi sono di non facile soluzione. Non sempre, gli italiani accolgono in modo civile queste persone: vi sono casi di intolleranza e di violenza; più spesso si tratta di disprezzo, indifferenza e fastidio.

Si può dire che la società italiana sta vivendo, all'opposto, quel fenomeno di emigrazione che aveva vissuto diffusamente nel corso di questo secolo: migliaia di emigranti italiani erano andati in cerca di lavoro in un'altra nazione, in un altro continente così come adesso migliaia di emigranti da paesi poveri vengono in Italia in cerca di quello stesso lavoro. Questo fatto deve essere sempre tenuto presente, specialmente quando la convivenza con lo straniero è difficile.

La società italiana si trova di fronte ad una grande sfida. È necessario accogliere con tolleranza queste persone, e al tempo stesso queste devono mostrarsi rispettose del modo di vita italiano: si deve cercare di trovare un equilibrio tra culture diverse, arricchendosi a vicenda delle proprie identità.

19. "Un'Italia senza Discriminazioni"

Ti chiami Roberto (Roberta) Biagi e sei stato/a l'organizzatore/organizzatrice della Marcia per un'Italia senza Discriminazioni che si è conclusa la scorsa settimana e ha portato i partecipanti da Palermo, in Sicilia, fino a Milano, in Lombardia. Qui sotto c'è una carta geografica con le varie tappe della marcia, con le città in cui la Marcia è transitata e il comunicato stampa diffuso dall'organizzazione.

COMUNICATO STAMPA

La marcia è partita da Palermo, città del Sud che sta lottando contro la Mafia, il primo di maggio ed è arrivata il sei giugno a Milano, città del Nord dove è iniziata la lotta contro la corruzione politica. Gli scopi della Marcia sono molteplici: oltre a testimoniare l'importanza di un'Italia unita, senza divisioni tra regioni ricche e povere, gli organizzatori vogliono sensibilizzare l'opinione pubblica per una sempre maggiore tolleranza verso i lavoratori stranieri in Italia (i cosiddetti "extra-comunitari"). La Marcia si è conclusa in Piazza del Duomo a Milano, con la partecipazione di molte perso-nalità della vita politica e culturale italiana. Durante le varie tappe circa 700.000 persone hanno partecipato alle manifestazioni.

Lo studente/la studentessa B è un giornalista americano/una giornalista americana del giornale "America's Voice" che ti vuole intervistare sulla Marcia per un servizio di prima pagina.

Gli italiani e la musica

La musica è per gli italiani una componente importante della vita di tutti i giorni, un po' per la tradizione del melodramma, ancora vivissima, un po' per il carattere aperto ed estroverso della gente. Lo stereotipo del Figaro rossiniano che canta mentre taglia i capelli ai clienti è vero: la gente fischietta e canticchia mentre cammina, va in bici, o fa la spesa, oppure mentre prepara il pranzo o fa la doccia. Molto popolare in Italia è la cosiddetta "musica leggera", un genere che si basa su melodie orecchiabili e facili testi sentimentali.

Molto seguita dai giovani è la canzone dei cantautori: questi artisti scrivono testi e musica dei loro brani e li cantano. Il loro livello qualitativo è quasi sempre alto: i testi sono molto belli, ricercati e trattano di problemi anche seri della vita di tutti i giorni, d'amore, di politica; la musica spazia dalla folk alle tendenze più moderne e roccheggianti.

Mentre alcuni anni fa l'Italia era letteralmente invasa da musica straniera, soprattutto angloamericana, oggi si assiste ad un nuovo ampio interesse verso il prodotto nazionale, che sta divenendo sempre più interessante e professionale, tant'è che diversi cantanti italiani sono diventati molto famosi a livello europeo ed internazionale. Solo per citarne alcuni: Eros Ramazzotti, Zucchero, Lucio Dalla, Vasco Rossi.

La più importante manifestazione della musica leggera in Italia è il Festival di Sanremo, una competizione canora che si svolge annualmente nella bella cittadina di San Remo sulla riviera ligure. Lo scopo della gara è di eleggere la più bella canzone italiana dell'anno. I partecipanti cantano "dal vivo" e sono accompagnati da una grande orchestra e da un coro. La canzone vincente diviene sempre un successo e arriva in breve ai primi posti della classifica delle vendite.

20. Una conferenza stampa

Il famoso cantautore italiano Lucio Dalla tiene stasera una conferenza stampa. L'artista è particolarmente seguito dai giovani italiani, ma da un paio di anni ha un grande successo anche nell'Europa continentale: il suo brano "Attenti al lupo" ha venduto diversi milioni di copie. Adesso Lucio sta per partire per una serie di spettacoli in tutta l'Europa, e si trova a Roma per mettere a punto gli ultimi particolari. I concerti inizieranno il prossimo mese. Sei un/una giornalista del "RadioCorriereTV", il settimanale della RAI e devi intervistare il cantautore (puoi usare "il tu"). Devi chiedere almeno:

Quando e da dove inizierà la serie di concerti
In quanti e quali paesi si esibirà
Quando ci sarà lo spettacolo a Parigi? E dove si terrà
Quanto durerà la "tourneé" europea
Quanti e quali musicisti accompagneranno la stella del rock italiano
Quali brani ha scelto per la scaletta delle serate
Quali sono le ragioni del suo successo

Cerca di trovare altre possibili domande da rivolgere a Dalla, sulle sue abitudini, sul privato, sul concerto, ecc.

Puoi iniziare con un approccio del tipo:
"Salve, Lucio. Sono . . . del RadiocorriereTV, il settimanale della RAI e vorrei farti alcune domande riguardo la tua imminente tourneé"

Lucio Dalla in una foto scattata durante un suo concerto

21. Una domenica "fuori porta"

Domenica ti piacerebbe fare una gita in qualche luogo o città interessante con un amico. Per caso hai trovato il volantino pubblicitario dell'agenzia turistica "Il Viaggiatore" e così vai all'agenzia per avere qualche informazione in proposito. Lo studente/la studentessa B vi lavora come operatrice turistica.

---

il viaggiatore

Escursioni domenicali su trenino d'epoca per tutti i luoghi di interesse turistico

- Roma • Venezia • Firenze • Napoli • La riviera ligure
- L'arcipelago toscano • I laghi lombardi • Le alpi

Per ulteriori informazioni si prega di telefonare a "il viaggiatore"
0586-808831 Agenzia n° 1 - Stazione Centrale

Naturalmente almeno una delle proposte dell'agenzia di viaggi fa al caso tuo: fissa due posti e riempi il modulo di prenotazione:

Destinazione: ....
Partenza ore: ....
Ritorno ore: ....
Prezzo (pranzo escluso): ....
Punto di incontro ....

Puoi iniziare con una frase del tipo:

"Buongiorno (buonasera). Ho trovato questo volantino e sono interessato ad una gita per domenica. Ci sono posti liberi?"

Le feste in Italia

Gli italiani amano divertirsi. Le occasioni per festeggiare e stare insieme in allegria sono molte. Oltre alle feste di compleanno ed anniversari di ambito familiare, molto caratteristiche sono le celebrazioni in onore di santi patroni e le sagre paesane. Entrambe fanno parte della tradizione popolare e sono particolarmente sentite nei piccoli centri o nelle città storiche.

Le feste patronali sono ricorrenze religiose: c'è l'aspetto rituale, in cui di solito una processione con la statua del santo in testa percorre le vie del paese, e quello profano dei festeggiamenti con dolci e fuochi artificiali. Le sagre paesane si ricollegano invece alla cultura contadina, che celebrava importanti momenti dell'anno come la vendemmia, la mietitura, la fioritura. Oggi queste feste celebrano prodotti tipici dei vari paesi, naturali o preparati secondo la tradizione: ad esempio c'è la sagra delle fragole, quella dei pomodori, quella della zuppa di fagioli, delle salsicce, e mille altre ancora.

Ma la festa più attesa dell'anno è quella del 31 dicembre, san Silvestro, che è anche il giorno in cui gli italiani spendono di più per il divertimento.

Per salutare il nuovo anno si svolgono dappertutto feste danzanti, cenoni e veglioni. Per il partecipante, molto importante è l'aspetto. Uomini e donne, giovani e anziani indossano abiti molto eleganti e spesso costosi, per il cui acquisto sono state fatte molte visite a negozi e sartorie. Tutto nell'abbigliamento e nel trucco viene estremamente curato.

I ristoranti, le discoteche e le sale da ballo sono al completo già molti giorni prima e senza prenotazione non è possibile trovare un biglietto d'ingresso. Allo scadere della mezzanotte dopo aver stappato lo spumante, fuori all'aperto si fanno esplodere petardi, fuochi artificiali e girandole. Poi danze frenate fino al mattino.

Accanto a queste feste "tradizionali" ci sono poi delle feste meno ufficiali, nelle case della gente, dove - come in ogni altra parte del mondo - ci si incontra tra amici e amiche per mangiare, bere, divertirsi, stare in compagnia.

22. Una festa da organizzare

La prossima settimana tu e B dovete organizzare una festa. Dovete pianificare tutto con cura:
1. Poiché la festa sarà in una delle vostre case, potete invitare solo 10 persone. Tu porterai cinque tuoi amici che risultino adatti per le cinque ragazze che porterà B: dovete discutere insieme in modo da formare delle coppie "possibili".
2. Dovete scegliere un giorno in cui entrambi siete liberi (tieni conto che la mattina, dal lunedì al venerdì quando avete la scuola, dovete alzarvi alle 6.30).
3. Dovete scegliere un luogo e accordarvi sulla musica da proporre e sul "buffet" da offrire. Alla fine riassumete le scelte fatte. Buon divertimento!

Gianni: vita sedentaria, non beve e non fuma, non pratica sport, non molto alto, grassoccio
Lamberto: biologo, occhiali spessi, suona il flauto, ama stare in pantofole
Massimo: molto magro, senso dell'umorismo, beve e fuma moltissimo, veste trasandato
Mauro: pratica vari sport, meccanico, non molto loquace ma gentile, scarso come ballerino
Alessandro: longilineo, moro, dongiovanni, squattrinato, molto pigro, dice parolacce
Nicola: buontempone e tiratardi, ottima parlantina, psicologo, capelli e occhi chiari, taglia forte
Daniele: carnagione scura, risata sonora, insegnante, fisico asciutto, ama lo sport e la natura
Ubaldo: tipo geniale ma introverso, ama la musica, magro, occhiali, senza barba, veste sportivo

---

L	M	M	G	V	S	D
			1	2	3	4
5	6	7	8	9	10	11
12	13	14	15	16	17	18
19	20	21	22	23	24	25
26	27	28	29	30		

2, 9 → Corso serale di letteratura
16, 24 → partita di calcio

CIBI:
pizza, tramezzini, tiramisù, verdura
BEVANDE:
vino bianco, spumante, cola e aranciata

MUSICA PROPOSTA:
ballabili anni 50 e 60
lenti
ballo liscio

GIORNO DELLA FESTA: ....

ORA: .... LUOGO: ....

TIPO DI MUSICA PREVISTO: ....

BUFFET PREVISTO: ....

COPPIE PARTECIPANTI: Maschi   Femmine

                    ....
                    ....
                    ....
                    ....

23. Il "cicerone" sono io

Nella pianta del paese di Siniscola in provincia di Nuoro ci sono otto elementi (palazzi, negozi, ecc.) che non sono stati inseriti. Essi sono:

il cinema	**la pasticceria**	**l'ufficio postale**	**la libreria**
il panificio	**la macelleria**	**la pizzeria**	**il bar**

lo studente/la studentessa B conosce l'esatta locazione di questi elementi e tu devi scoprirla facendo le giuste domande. Quando pensi di aver capito, riporta l'elemento nuovo sulla tua mappa. A sua volta, anche lo studente/la studentessa B deve scoprire la locazione di otto elementi (che tu conosci) rivolgendoti domande.
Alcuni elementi sono presenti su entrambe le mappe, in modo che possano essere presi come riferimenti fissi sia per te che per B. Inoltre puoi usare il nome delle vie e delle piazze.
Ad esempio se B ti chiede dove è il cinema, tu puoi rispondere "è in via Garibaldi, accanto al negozio di abbigliamento"
Alternatevi nelle domande e nelle risposte e quando avete finito confrontate le due mappe del paese e controllate di aver inserito gli elementi in modo corretto.

Potrai usare domande del tipo:

"Dov'è ...?"

e nelle risposte dovrai usare strutture tipo:

E' in via... / piazza ...;

Lontano da;

E' di fronte (davanti) a;

Percorri via...;

Prosegui fino a ... poi ...;

Vicino a;

E' tra ... e ...;

E' dietro a;

Gira a (destra, sinistra);

E' il (primo/secondo/...) palazzo sulla (destra, sinistra) in via ...

Quando avete stabilito tutti gli elementi del paese assumete i ruoli di:

A) un turista che chiede informazioni
B) un indigeno che dà informazioni

Partendo dalla stazione chiedi informazioni su determinati luoghi, sull'itinerario per raggiungerli, sulla possibilità di raggiungerli a piedi o in taxi o in autobus, sul tempo che occorre per arrivare, sulle fermate, sul costo dei biglietti, dove comprarli, frequenza dei passaggi. Inoltre puoi chiedere informazioni più dettagliate sui singoli posti, ad esempio sul ristorante, sulla biblioteca, sul cinema, ecc.

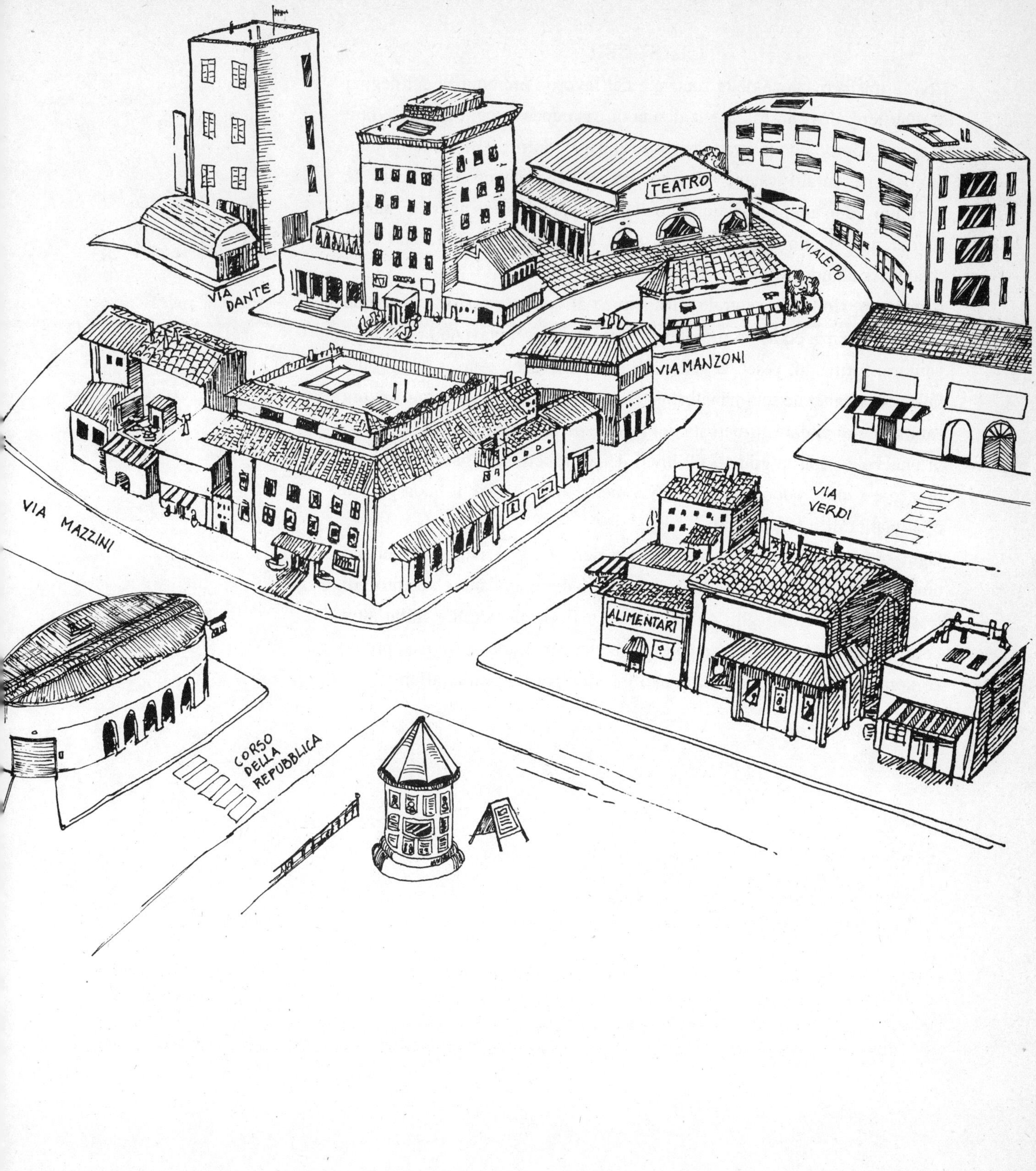
TEATRO
VIA DANTE
VIALE PO
VIA MANZONI
VIA MAZZINI
VIA VERDI
ALIMENTARI
CORSO DELLA REPUBBLICA

La spesa

Con la trasformazione della società e del lavoro l'importanza dei negozi di quartiere, dove in passato la donna di casa andava ogni giorno a fare la spesa, comprando lo stretto necessario per il giorno, è molto diminuita. Sono sorte infatti catene di supermercati che hanno modificato le abitudini ed i tempi di acquisto delle famiglie; inoltre molti di questi negozi non hanno retto la concorrenza dei supermarket e sono stati costretti a chiudere.

Il mercato, rionale o centrale, all'aperto o al coperto, resiste comunque alla concorrenza ed ha un ruolo importante nella compravendita di frutta, verdura, formaggi, pesce, e generi alimentari freschi. Anche se la gente fa la spesa generale settimanalmente al supermercato, molti hanno ancora l'abitudine di andare al mercato, un luogo che mantiene intatto il fascino di una volta, con le grida e gli inviti dei venditori, le contrattazioni sul prezzo e i mille odori nell'aria, senza menzionare inoltre il buon prezzo e la qualità di molti prodotti.

Ogni settimana poi, in una zona ampia della città si svolge il mercato ambulante: dalle 8.00 alle 13.00 si ritrovano commercianti e venditori di tessuti, vestiti, casalinghi, scarpe, piante e fiori, giocattoli e mille altre cose. Qui, tra i banchi, c'è sempre gente che cerca, tocca, rovista, prova, compra. E se uno ha buon naso può fare sempre un ottimo affare!

24. La spesa al negozio di "Alimentari"

Devi fare la spesa al negozio di alimentari. Costruisci con lo studente/la studentessa B il dialogo. Tieni sott'occhio la lista della spesa di pagina 48. <u>Cerca di non leggere soltanto, ma di dare espressività e intonazione "naturale" a ciò che dici, come in una rappresentazione teatrale.</u> Inizi tu.

1. Tu: Buon giorno. vorrei un pacco di caffè da mezzo chilo, ... di quello buono, mi raccomando!
   Stud. B: ...
2. Tu: (*chiedi quanto costano i due tipi di caffè, Latazza Oro e Ola*)
   Stud. B: ...
3. Tu: Allora mi dia il meno caro ... Poi vorrei un chilo di zucchero, per favore.
   Stud. B: ...
4. Tu: Vorrei anche delle mele cotogne. Me le scelga bene, senza ammaccature sennò marciscono subito!
   Stud. B: ...
5. Tu: (*decidi tu la quantità*)
   Stud. B: ...
6. Tu: Sì, avrei bisogno di qualche uovo,... una dozzina, direi...ma che siano fresche, che devo fare il tiramisù!
   Stud. B: ...
7. Tu: C'è qualche differenza di prezzo tra i due tipi?
   Stud. B: ...
8. Tu: (*scegli le uova che preferisci*) Vorrei dei pomodori pelati.
   Stud. B: ...
9. Tu: Mi dia quelli a pezzi, grazie. Poi vorrei un paio di etti di parmigiano stagionato da grattare, tre etti di pecorino sardo piccante, e un po' di prosciutto crudo... ma quello lì non mi convince tanto...me lo farebbe assaggiare?
   Stud. B: ...
10. Tu: Mmh! E' davvero buono... Faccia due etti allora, tagliato fine!
    Stud. B: ...
11. Tu: Sì, vorrei anche un litro d'olio extravergine di oliva.
    Stud. B: ...
12. Tu: Mah! Non lo conosco ma me lo faccia provare... Un'ultima cosa, del pane (*chiedi se ha pane di campagna oppure panini integrali*).
    Stud. B: ...
13. Tu: Va bene, non importa. Mi dia il pane che le è rimasto, un chilo.
    Stud. B: ...
14. Tu: Mi sembra di non dimenticare niente. Quanto spendo?
    Stud. B: ...
15. Tu: (*con ironia*) Ogni settimana si spende sempre di più, vero Piero? Ecco a lei centomila lire.
    Stud. B: ...
16. Tu: Grazie. Buongiorno.
    Stud. B: ...

COSE DA FARE OGGI

- Appuntamenti -

ANDARE ALLA POSTA

ORE 11.30 dentista

telefonare a Maria

— Spesa

Zucchero, un chilo

mezzo chilo di caffè

una dozzina di uova FRESCHE per tiramisù

pomodori pelati

parmigiano, un bel pezzo da grattare

pecorino sardo stagionato bene

prosciutto crudo di Parma

PANE   OLIO EXTRAVERGINE DI OLIVA

I corsi culturali

In estate soprattutto, ma anche durante il resto dell'anno, in alcune città italiane di grande tradizione culturale vengono organizzati corsi per studenti stranieri.

Accanto ai soliti corsi di lingua italiana, sono venuti "fuori come funghi" quelli per altre discipline. Ad esempio, a Milano si organizzano corsi di Marketing e Pubblicità, a Roma vi sono programmi estivi di Storia antica, Storia dell'Arte, Musica.

Ma è soprattutto a Firenze dove si può trovare la scelta più ampia. La città toscana ha le sedi di una ventina di università americane ed di altrettanti istituti europei: in estate si popola di studenti stranieri che oltre alle discipline accademiche vogliono studiare e conoscere altre materie ed altre componenti della cultura d'Italia. Ecco allora corsi in Ceramica, Scultura, Falegnameria, Musica medievale, Cucina, Calcio, e poi viaggi e visite di istruzione a centri dell'artigianato e delle tradizioni popolari.

Lo studente straniero può così venire a contatto diretto con la realtà più vera del paese, apprezzando ed assimilando meglio la lezione culturale italiana.

25. Un corso "culturale"

Nel tuo periodo di studi in Italia (sei a Firenze) decidi di frequentare un corso organizzato dal centro "Il Leonardo" che offre regolarmente dei brevi corsi culturali per il fine settimana. Lo studente/la studentessa B è il direttore del centro.

Centro Culturale "Il Leonardo"
TEMPO LIBERO, ARTE, CULTURA

DIRETTORE: Prof. Severino Sinibaldi

Vuoi conoscere veramente le tradizioni e la cultura della più affascinante regione italiana, la Toscana?
Telefona al Centro Culturale "Il Leonardo"
Senza alcun impegno da parte tua riceverai tutte le informazioni sui corsi per il fine settimana, sulle escursioni, sui corsi sportivi
Orario segreteria:
Lunedì-venerdì 9.00/13.00, 15.00/18.00
Sabato 10.00/12.30
Viale dei Giardini, 4   Tel. 050-3145862

OGNI SETTIMANA CORSI INTENSIVI DI
- Liuteria
- Cucina tipica
- Escursioni
- Ceramica
- Ballo popolare
- Tavola a vela
- Scultura su marmo
- Castelli medievali
- Ricamo su seta
- Flauto dolce

Prima di iniziare decidi a quale corso ti piacerebbe partecipare. Quando il direttore ti presenta i corsi, ricordati di prendere appunti sulla scheda qui sotto:

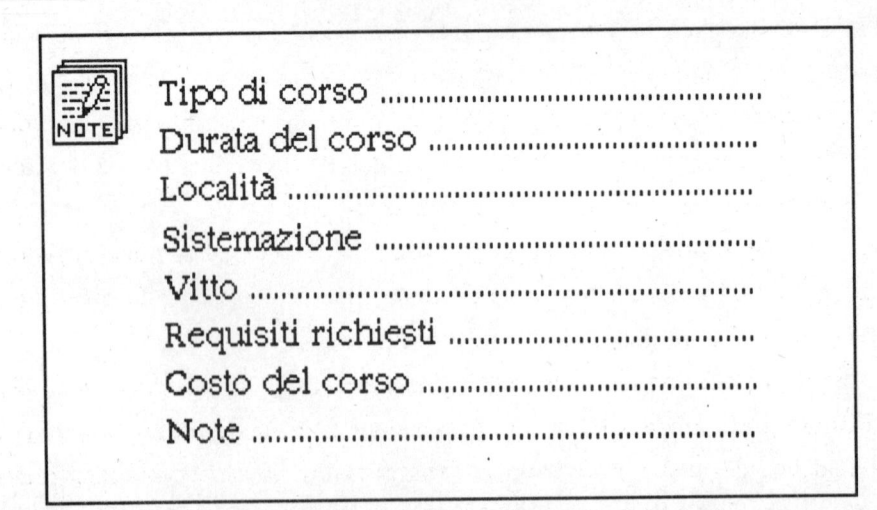

```
Tipo di corso .................................
Durata del corso .............................
Località ......................................
Sistemazione .................................
Vitto .........................................
Requisiti richiesti ...........................
Costo del corso ...............................
Note ..........................................
```

Se sei interessato, iscriviti e prenota un posto. Quando B ti fa accomodare nel suo ufficio, puoi usare un approccio del tipo:
"Buon giorno, vorrei alcune informazioni sui vostri corsi per il fine settimana".

Il lavoro

La Costituzione italiana pone il lavoro alla base dell'ordinamento sociale e giuridico, considerandolo come fonte primaria di vita, di reddito e di libertà. Per quanto riguarda la situazione del mercato del lavoro, nell'arco del ventennio 1960-1980, ci sono stati sensibili cambiamenti: l'occupazione nel settore agricolo è diminuita costantemente, trovando solo parziale compensazione nella crescita degli altri settori, industria, pubblica amministrazione e Terziario.

Nonostante le promesse, le manovre politiche e le leggi per mantenere l'occupazione e favorire l'inserimento dei giovani nel modo del lavoro, la situazione attuale presenta dei problemi molto gravi e, in certe aree, cronici.

Alla fine del 1992 la disoccupazione in Italia supera mediamente l'11%, con punte di oltre il 30% nel meridione: questi valori collocano il paese in una posizione critica nella comunità europea nonché in quella dei "paesi più industrializzati".

La mancanza di investimenti economici, lo spreco e la dissipazione clientelare e mafiosa, l'incapacità dei politici, hanno fatto sì che il tradizionale squilibrio tra Nord e Sud sia aumentato proprio negli anni del "boom" economico.

Molto difficile è la situazione dei giovani che, dopo la scuola superiore non riescono a trovare un'occupazione: migliaia di ragionieri, geometri, periti industriali sono disoccupati, costretti a vivere a carico della famiglia per anni, finché non trovano un lavoro che il più delle volte non è adatto alla loro preparazione.

Per i laureati le prospettive sono poco migliori. Alla grande richiesta insoddisfatta di ingegneri corrisponde un'esuberanza di medici, biologi, umanisti che hanno grosse difficoltà a trovare lo sbocco professionale.

Questa situazione è dovuta anche alla mancanza di un raccordo serio tra mondo della scuola e mondo del lavoro; non esistono centri di orientamento professionale universitari o scolastici che indirizzino i giovani verso una professione. Manca inoltre la possibilità per gli studenti universitari di svolgere lavori "a tempo parziale", ed è quasi impossibile trovare dei lavori temporanei o stagionali per i giovani studenti durante le vacanze estive.

L'unica soluzione sarebbe l'attuazione di un programma politico a lungo termine in accordo con gli imprenditori, come quello del "contratto di formazione" che offre facilitazioni fiscali a quelle industrie che assumono giovani sotto i 29 anni di età.

A salvaguardia dei diritti dei lavoratori ci sono i sindacati, la cui organizzazione è libera, affinché sia assicurato il più ampio pluralismo. Essi hanno svolto un ruolo importante nella vita economica e sociale del paese, svolgendo l'attività di contrattazione con le associazioni dei datori di lavoro. La Costituzione riconosce inoltre ai lavoratori il diritto di sciopero, un'arma che i lavoratori hanno spesso usato per ottenere condizioni di lavoro migliori e stipendi più adeguati.

26. Un colloquio di lavoro

Sei in cerca di lavoro ed hai trovato sul "Corriere della Sera" la seguente inserzione:

> IMPORTANTE SOCIETA' INTERNAZIONALE OPERANTE NEL
> SETTORE ALIMENTARE RICERCA AMBOSESSI 18-35 ANNI
> DA INSERIRE NEL PROPRIO ORGANICO COME
> FUNZIONARI TECNICO-COMMERCIALI.
> REQUISITI NECESSARI:
> - SPICCATA PERSONALITA'
> - FACILITA' NEI RAPPORTI INTERPERSONALI
> - DISPONIBILITA' A VIAGGIARE ANCHE ALL'ESTERO
> - TITOLO DI SCUOLA MEDIA SUPERIORE
> - BUONA CONOSCENZA DI UNA SECONDA LINGUA EUROPEA
> - DISPONIBILITA' IMMEDIATA
> IL TRATTAMENTO ECONOMICO E' DI SICURO INTERESSE
> E TALE DA SODDISFARE LE CANDIDATURE PIU'
> QUALIFICATE.
> PREVISTE PROVVIGIONI E ELEVATI PREMI PRODUZIONE.
> INVIARE CURRICULUM INDICANDO RECAPITO
> TELEFONICO PER COLLOQUIO PRELIMINARE
> CASELLA POSTALE 01139 MILANO

Immagina di rispondere a questa inserzione scrivendo (nello spazio in fondo alla pagina) una lettera/curriculum dove precisi:
- nome e cognome
- età, indirizzo e numero telefonico
- titolo di studio
- precedenti attività lavorative
- referenze
- motivazioni per questa scelta

Tra poco sarai convocato dallo studente/la studentessa B per un colloquio preliminare. Quando rispondi alle domande tieni presente ciò che hai scritto nella lettera. <u>Nel colloquio preparati fare anche qualche tua richiesta</u>

Potrai presentarti ed esordire in questo modo:
"Buongiorno. Sono... e ho un appuntamento con lei a proposito dell'impiego come funzionario".

27. Un impiego a tempo parziale

Sei il responsabile dell'agenzia di collocamento, "Un lavoro per tutti", che provvede a lavori a tempo parziale in tutta la penisola. Lo studente/la studentessa B ti verrà a trovare per chiedere informazioni a proposito. Qui sotto c'è una lista con i lavori disponibili.

Tipologia lavoro	Località	Orario	Stipendio	Capo personale	Requisiti
1. Bagnino	Riviera ligure	6 ore/giorno	15.000/ora	Baldini Gabriele 06-5280821	Brevetto CONI
2. Aiuto cameriere	Isole Eolie (Sicilia)	8 ore/giorno	10.000/ora	Mannini Daniele 0586-403239	Esperienza 1 anno
3. Animatore	Club Med. (Sardegna)	2 ore matt. 4 ore sera	12.000/ora	Baldaccini Albert 050-454321	Lingua straniera
4. Educatore	Campi scout (Trentino)	turni di 12 ore	18.000/ora	Ceccherini Lisa 0586-808831	Diploma
5. Addetto pulizie	Teatri tenda (Versilia)	8 ore/giorno	5.000/ora	Artico Nicola 055-501290	Esperienza 1 anno
6. Aiutante fattore	Fattorie (pr. Siena)	8 ore/giorno	7.500/ora	Ricardi Simona 0532-879542	Conoscenza agraria
7. Servizio d'ordine	Stadio (Roma)	20 ore/settimana	10.000/ora	Grilli Leonardino 050-890277	Prestanza fisica

N.B. PER TUTTI I LAVORI SONO PREVISTI SEI GIORNI LAVORATIVI SETTIMANALI

Se lo studente/la studentessa B è interessato/a a qualche lavoro, dagli/dalle il nome e il numero di telefono del capo del personale da contattare. Scrivi anche un breve rapporto sulla possibile assunzione, compilando il modulo seguente:

Nome dell'interessato ....

Indirizzo ....

Numero di telefono ....

Data e ora della chiamata ....

Impiego possibile ....

Requisiti richiesti   SI ☐   NO ☐

Ricordati che lo studente/la studentessa B è in cerca di un lavoro e quindi ha bisogno di incoraggiamenti: sii paziente e invitalo/a ad accomodarsi nel tuo ufficio.

28. Una casa da affittare

Ti sei trasferito per lavoro in una nuova città e stai cercando una casa in affitto. Decidi di andare all'agenzia immobiliare "Casabella", di cui hai letto i seguenti annunci:

> **VIALE ROMA:** recente cond. ascensore, riscald. autonomo 2 bagni, 2 camere, salone, terrazza verandata, garage. No animali. AFFITTASI

> **ZONA STAZIONE:** 1 piano, termoaut., 2 camere, bagno, cucinotto. Cantina e piccolo giardino. AFFITTASI NON RESIDENTI

> **VICINANZE MARE:** palazzina schiera, 200 mq di giadino, 3 camere, sala, ripostiglio, cucina, garage, terrazza. AFFITTASI

> **CENTRO STORICO:** monoloc. 45mq, bagnetto, cucinino. 7 piano, ascensore. AFFITTASI VERO AFFARE

Con lo studente/la studentessa B, impiegato/a dell'agenzia, discuterai degli appartamenti qui sopra e le relative condizioni di affitto (prezzi, spese varie, periodo, scadenze, ecc.) o altre proposte disponibili. Preparati alcune domande per sapere se le proposte di B sono adatte alle tue necessità e alla tua condizione finanziaria.

Puoi iniziare con una frase tipo:
"Buon giorno. Ho trovato i vostri annunci sul giornale e sono interessato a (ho bisogno di...) affittare un appartamento. Mi potrebbe informare meglio?

29. Dallo psicanalista

Da qualche tempo ti senti depresso/a, non riesci a dormire bene, sei stanco/a e apatico/a. Hai deciso di andare dallo/a psicanalista (lo studente/la studentessa B) per trovare le ragioni del tuo malessere. Tanto per conoscerti il dottore ti "immerge" in una situazione. Dovrai seguire le istruzioni seguenti, rispondendo con cura alle tue reazioni e proiezioni immediate, che sono l'espressione più vera della tua psiche. Usa lo spazio in fondo alla pagina. Dopo, il dottore (B) ti darà la lettura psicanalitica delle tue risposte.

A. Sei su un sentiero. Descrivilo.

B. Ai tuoi piedi trovi un legnetto. Descrivilo e dì cosa ne fai.

C. Trovi un tronco d'albero di traverso sul sentiero. Che cosa fai?

D. All'improvviso un orso corre contro di te. Che fai?

E. Arrivi ad una biforcazione del sentiero. Dove vai? Perché fai questa scelta?

F. Dopo un lungo cammino arrivi di fronte ad un muro. Descrivilo in dettaglio.

G. Puoi udire suoni al di là del muro. Di che cosa o di chi sono?

30. Un albergo per le vacanze

Sei un operatore/operatrice turistico/a della Promozione Alberghiera di Rimini. Tra poco riceverai una telefonata dallo studente/la studentessa B che desidera trascorrere una vacanza al mare e che deve scegliere un albergo dove alloggiare. Tu devi aiutarlo/a nella scelta, considerando le sue esigenze e tenendo sott'occhio la tabella delle pensioni e alberghi disponibili.
Prova a consigliarlo/a per il meglio.

PENSIONI E ALBERGHI

Hotel Tre Stelle - 1 stella - a Rimini - Dal mare 150 metri. Stanze con servizi privati, balcone, telefono. Sala soggiorno, TV, bar, ascensore, terrazza, parcheggio. Cabine proprie sulla spiaggia. Ottima cucina con possibilità di variazioni. Pensione completa in camera doppia a persona al giorno L. 26.000 in b.s., L. 34.000 in m.s., L. 43.000 in a.s. Riduzione terzo letto dal 10 al 20%.

Hotel Alaska - 2 Stelle - a Rimini - In zona centrale vicino al mare. Stanze con servizi privati e citofoni. Sala soggiorno e TV, terrazzo, ascensore, tavernetta e bar. Parcheggio e cabine proprie sulla spiaggia. Cucina classica romagnola. Pensione completa a persona in camera doppia al giorno L. 26.000 in b.s., L. 34.000 in m.s., L. 42.000 in a.s. Riduzione terzo letto dal 10 al 20%.

Hotel Zodiaco - 3 Stelle - a Rimini-Torre Pedrera - In posizione tranquilla a 50 metri dal mare. Stanze con servizi privati, vista a mare, telefono. Giardino, bar, sala TV, ascensore. Parcheggio e cabine proprie al mare. Pensione completa a persona in camera doppia al giorno L. 32.000 in b.s., L. 35.000 in m.s., L. 42.000 in a.s., L. 45.000 in aa.ss. Riduzione terzo letto dal 10 al 30%.

Hotel Villa del Parco - 3 stelle - a Rimini-Marebello - Sulla strada costiera da Rimini a Riccione, vicino al mare con grande giardino alberato. Stanze con servizi privati e telefono. Sale soggiorno e TV, ascensore, bar, solarium. Parcheggio. Gestito dai proprietari, menù a scelta, specialità locali. Pensione completa in camera doppia a persona al giorno L. 30.000 in b.s., L. 33.000 in m.s., L. 42.000 in a.s., L. 46.000 in aa.ss. Riduzione terzo letto dal 10 al 30%.

Hotel President - 3 stelle - a Rimini - A pochi passi dal mare. Stanze con servizi privati e telefono. Bar, ampia terrazza con solarium, ascensore, sala soggiorno e TV. Menù a scelta. Pensione completa a persona in camera doppia al giorno L. 28.000 b.s., L. 34.000 m.s., L. 46.000 a.s., L. 52.000 aa.ss. Riduzione terzo letto dal 10 al 30%.

Hotel Stella Polare - 3 stelle - a Rimini - Antica villa signorile trasformata in albergo. Stanze con servizi privati e telefono. Sale soggiorno, terrazza panoramica, giardino, piscina, ascensore, bar, angolo verde per bambini. Parcheggio. Cucina ricercata. Pensione completa a persona in camera doppia al giorno L. 45.000 b.s., L. 55.000 m.s., L. 66.500 a.s. Riduzione terzo letto dal 10 al 30%.

Hotel Club House - 4 stelle - a Rimini - Albergo lussuoso sul mare. Completamente climatizzato. Stanze confortevoli, provviste di servizi privati, aria condizionata, telefono diretto, frigobar, TV color, balcone sul mare. Ampio parcheggio e spiaggia privata. Giardino. Camera doppia con prima colazione a persona al giorno L. 63.000 b.s., L. 70.000 m.s., L. 95.000 a.s. Riduzione terzo letto dal 30 al 50%.

La bassa stagione (b.s.) va dal 2/5 al 6/6 e dal 5/9 al 26/9.
La media stagione (m.s.) va dal 6/6 al 4/7 e dal 29/8 al 5/9.
L'alta stagione (a.s.) va dal 4/7 al 1º/8 e dal 22/8 al 29/8.
L'altissima stagione (aa.ss.) va dal 1º/8 al 22/8. Dove non è prevista l'aa.ss. c'è una piccola modifica di date che investe la media e l'alta stagione: consigliabile telefonare.

PROMOZIONE ALBERGHIERA e RIMINI

PROMOZIONE
ALBERGHIERA RIMINI
Via Matteucci 4 - 47037 RIMINI
Tel. 0541/52269-52540

Per dare consigli puoi usare strutture del tipo:

Cosa ne pensa di ...	Cosa ne dice di ...
Potrebbe ...	Che ne direbbe di ...
Perché non ...	Le andrebbe bene ...?

L'automobile

In Italia possedere un'auto è molto costoso. Il prezzo della macchina è più alto che in altri paesi europei e le tasse imposte sull'auto sono tra le più gravose del mondo. Il costo della benzina è circa 4 volte più alto di quello negli USA ed è al primo posto in Europa. Oltre all'assicurazione obbligatoria l'automobilista italiano deve pagare una tassa annuale di circolazione su ciascuna macchina posseduta (proporzionale alla cilindrata), inoltre deve pagare un bollo annuale sulla patente di guida uguale per tutti (1993: £50.000). Infine tutte le autostrade sono a pagamento.

Nonostante ciò, in Italia circolano milioni e milioni di veicoli, vi sono famiglie con due, tre, quattro macchine (una per ogni componente). Diverse grandi città (Napoli, Roma, Milano, ad esempio), ormai assediate dal traffico e soffocate dall'inquinamento, per ridurre il numero delle macchine circolanti nel centro, hanno introdotto la circolazione "a giorni alterni": nei giorni pari possono viaggiare le auto con i numeri di targa pari, nei giorni dispari circolano solo auto con numeri dispari.

Ecco perché molti preferiscono usare un motorino per andare al lavoro, a scuola o in centro: costa meno e si evitano gli ingorghi.

31. L'acquisto di una nuova auto

Sei il responsabile di una concessionaria di vendita di automobili.
Qui sotto c'è il disegno del nuovo modello di automobile prodotto dalla SIAT con accanto le caratteristiche generali della macchina. Leggile e seleziona quelle che ti possono essere utili per il colloquio che avrai con un cliente (lo studente/la studentessa B) che ha bisogno di un'auto per famiglia, sicura ed economica.
Poi i ruoli si invertiranno e tu sarai un cliente che cerca una macchina con caratteriste sportive.

- Lunotto termico
- Portabagagli enorme
- Diverse motorizzazioni (da 55 a 120 c.v.)
- Pneumatici maggiorati
- Alzacristalli elettrici
- Paraurti ad assorbimento di energia
- Cruscotto con indicatori e contagiri
- Ampia scelta di colori metallizzati
- Elevate velocità massima e di crociera
- Tradizionale affidabilità e doti di robustezza
- Allestimento interno di notevole raffinatezza
- Nuovo trattamento antiruggine garantito 6 anni
- Entusiasmante accelerazione da 0 a 100 km/h
- Consumi estremamente contenuti (ciclo medio 22 km/litro)

- Grande spaziosità interna
- Notevole visibilità anteriore e post.
- Cinture di sicurezza posteriori
- Fari alogeni e antinebbia
- Servofreno ■ Sedili reclinabili ■ Servosterzo
- Cerchi in lega leggera
- Poggiatesta anteriori
- Prezzo contenuto
- Radio riproduttore alta fedeltà

Nelle vesti del venditore cerca di essere gentile e convincente; in quelle dell'acquirente devi essere esigente e attento alle singole caratteristiche dell'auto.

Puoi rispondere all'approccio del cliente iniziando in questo modo:
"Mi permetta di presentarle il nuovo modello della "Siat W 10" e le sue caratteristiche."

Studente "Ruolo B"

1. Conoscersi

Fai conoscenza con lo studente/la studentessa A: fai alcune domande per riempire il seguente modulo. Poi anche lo studente/la studentessa A ti farà le stesse domande.

Nome .... Età ....

Luogo di nascita .... Stato ....

Composizione della famiglia ....

Lavoro del padre (zio) ....

Lavoro della madre (zia) ....

Occupazione dei fratelli o delle sorelle ....

Scuola frequentata o titolo di studio ....

Attuale occupazione ....

Interessi e passatempi ....

Cibo preferito ....

Sport preferito ....

Attore preferito ....

Attrice preferita ....

Opere d'arte italiane conosciute ....

Luogo ideale per le vacanze ....

Progetti per il futuro ....

Prima di iniziare prepara alcune domande-tipo. Ad esempio:

Come ti chiami?
Di dove sei?
Hai fratelli/sorelle?
Tua madre lavora?
Che lavoro fa?
Da quanto tempo studi la lingua italiana?
Chi è la tua attrice preferita?
Quali sono i tuoi progetti per il futuro?

Adesso completa le seguenti frasi. Usa le risposte che lo studente/la studentessa A ti ha dato.

Il mio compagno/la mia compagna è _____

Ha _____ anni ed è di _____ in _____

Nella sua famiglia ci sono _____ persone e precisamente _____
_____

Suo padre (zio) è _____ e sua madre (zia) è _____

gli altri familiari si occupano di _____

Frequenta la scuola _____

(*oppure*) ha il titolo di studio _____

e adesso lavora come _____ a _____

I suoi interessi e passatempi sono _____

Il suo cibo preferito è _____ e il suo sport preferito è _____
_____

il suo genere musicale preferito è _____

Il suo luogo ideale di vacanza è _____

Tra i suoi progetti per il futuro ci sono _____
_____

Le opere d'arte italiane che conosce sono _____
_____

Dell'Italia ama soprattutto _____

Studia italiano perché _____

Adesso confronta la tua scheda con quella dello studente/la studentessa A e verifica le differenze.

2. Conoscersi meglio

Rivolgi delle domande allo/a studente/essa A per stabilire alcune cose. Prima di iniziare prepara bene le tue domande. Poi anche lo studente/la studentessa A ti farà domande simili.

Stabilisci se lo studente/la studentessa A:

Sì		No
☐	è fidanzato/a	☐
☐	ha paura ad andare in moto	☐
☐	si fa la doccia tutti i giorni	☐
☐	ama vivere in periferia	☐
☐	esce spesso con gli amici	☐
	(se la risposta è Sì, chiedi dove va)	
☐	viene a scuola in autobus	☐
☐	preferisce la montagna o il mare	☐
☐	ha dei parenti o amici in Italia	☐
☐	sa guidare un'auto con cambio manuale	☐
☐	va spesso al supermercato	☐
	(se la risposta è Sì, chiedi cosa compra)	
☐	legge regolarmente un quotidiano	☐
☐	guarda la televisione questa sera	☐
	(se la risposta è Sì chiedi informazioni sui programmi)	
☐	sa preparare piatti tipici italiani	☐
	(se la risposta è Sì chiedi cosa)	
☐	ha una collezione di farfalle o altri oggetti	☐
☐	va in Italia la prossima estate	☐
	(se la risposta è Sì chiedi informazioni)	
☐	in questo momento ha fame	☐
	(sete, caldo, freddo)	
☐	si pettina e si trucca con cura prima di uscire	☐
	(si rade e si dà il dopobarba)	
☐	fa qualcosa di speciale domani sera	☐

Adesso confronta le tue risposte con quelle dello studente/la studentessa A.

3. Sui gusti non si discute

Esprimi la tua opinione sulle attività elencate qui sotto, usando una delle espressioni suggerite. Osserva che puoi esprimere la tua preferenza secondo una scelta ampia e progressiva, dal grado positivo al negativo.

```
         <---- POSITIVO      NEGATIVO ---->
+ + +      + +           +        -         - -            - - -
amo      mi piace     mi piace  mi piace   non mi         detesto
         molto                  poco       piace
```

_____	ascoltare la musica classica	_____	stare in compagnia
_____	cucinare	_____	questa città
_____	mangiare dolcetti	_____	viaggiare in treno
_____	la scuola (il lavoro)	_____	alzarmi tardi la mattina
_____	il sesso	_____	andare in discoteca
_____	vedere film dell'orrore	_____	passeggiare in un parco
_____	parlare di politica	_____	andare a teatro
_____	la mia/il mio insegnante	_____	giocare con videogiochi
_____	il calcio	_____	cantare in compagnia
_____	il traffico cittadino	_____	la pizza capricciosa
_____	prendere il sole	_____	la televisione
_____	guidare velocemente	_____	fare sport

Quando hai finito discuti con lo studente/la studentessa A di ciò che ti piace e non ti piace.

Es: – Mi piace molto ascoltare la musica classica!
    – Sì, anche a me...!   OPPURE   – No, a me non...! (La detesto).

    – Non mi piace la televisione!
    – Neanche a me!   OPPURE   – A me invece...

4. Il Festival del cinema di Venezia

Il settimanale "Ciak" regala ogni giorno delle schede sui partecipanti al famoso Festival del cinema di Venezia. Qui sotto ci sono i quattro film più importanti con i relativi protagonisti. Le schede però devono essere completate. Chiedi allo studente/la studentessa A di darti le informazioni mancanti e inseriscile negli spazi vuoti (a sua volta lo studente/la studentessa A ha bisogno di altre informazioni e ti farà delle domande).

Puoi chiedere informazioni su:

Da quanto tempo recita	Qual'è il suo ruolo nel film
Quale film presenta al festival	Quali altri attori e attrici vi recitano
Progetti di lavoro per il futuro	Genere del film

FILM 1: **La vita dolce**
con Anita Mastroianni

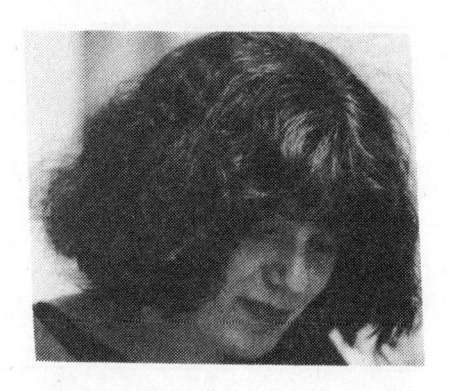

FILM 2: **La bicicletta del ladro**
con Grillo Leonardi

Data di Nascita	28 Dicembre 1963		_____
Luogo di Nascita	_____		(Riglione) Pisa
Luogo di Residenza	_____		Viareggio
Durata della carriera	Primo film a 6 anni		_____
Film in concorso	_____		_____
Genere del film	_____		Film dell'orrore
Ruolo nel film	Turista straniera in Italia		_____
Compenso ricevuto	_____		£ 1.000.000 al mese
Progetti per il futuro	Una vacanza di riposo in un'isola tropicale		_____
Passatempo preferito	Andare in palestra, lettura di classici		_____

FILM 3: **Il nipote del Padrino**
con Santino Merola

FILM 4: **Il paradiso del cinema**
con Patrizia Degli Ubaldini

Data di Nascita 15 novembre 1959 _____

Luogo di Nascita _____ _____

Luogo di Residenza Firenze Paganico Sabino (Aq)

Durata della carriera _____ Recita da tre anni

Film in concorso _____ _____

Genere del film _____ Tragicomico

Ruolo nel film Il nipote del padrino _____

Compenso ricevuto Mezzo miliardo di lire _____

Progetti per il futuro _____ Diventare ricca e famosa

Passatempo preferito _____ _____

Adesso, controlla nel libro di A se le risposte sono esatte. Quando hai finito l'attività, insieme al tuo compagno/ alla tua compagna, prova a costruire la trama di ciascun film in concorso.

La vita dolce _____

La bicicletta del ladro _____

Il nipote del padrino _____

Il paradiso del cinema _____

5. Una famiglia italiana

Qui sotto c'è un disegno che rappresenta una tipica famiglia italiana di cinque persone. Devi descrivere allo studente/la studentessa A, rispondendo alle sue domande, tutti e cinque i familiari nel modo più accurato possibile. Usa aggettivi precisi sia per l'aspetto fisico che per quello psicologico. Secondo la tua descrizione poi, A disegnerà i cinque personaggi. Alla fine confrontate le due versioni, la tua e la sua.

Anche lo studente/la studentessa A ha un disegno di una famiglia italiana (diversa dalla tua) della quale dovrai disegnare i componenti, stando alla descrizione fatta da A.

Esempio:
Stud.A: "Parlami del padre. E' vecchio? Quanti anni dimostra?"   Tu: ...
Stud.A: "E' grasso? Ha la barba? Ha i capelli ricci?"   Tu: ...

PADRE   MADRE   FIGLIA   FIGLIO   NONNA

Disegna qui sotto i personaggi della famiglia dello studente/la studentessa A:

6. Un vestito per la festa di fidanzamento

I vostri amici Antonio e Giovanna (tuoi e di A) hanno acquistato un vestito nuovo per la festa di fidanzamento. Fai delle domande allo studente/alla studentessa A per trovare tutte le informazioni inerenti alla scelta di abbigliamento fatta dai vostri amici. Altèrnati con A nel fare le domande. Quando avete finito confrontate le tavole. Prima di iniziare, metti a punto la forma e il tipo di domande da fare. Ad esempio:

Dove ha comprato l'abito...?   Che stile è?   Che taglia è?   Quali colori ha scelto...?
Ha comprato anche degli accessori?   Quali?   Quanto ha speso...?

Alla fine con tutte le informazioni discutete tra voi sulle scelte fatte dagli amici, se siete d'accordo con loro, se hanno gusti simili, se sono una coppia "giusta".

	ABITO ANTONIO	**ABITO GIOVANNA**
NEGOZIO SCELTO:	Vittadello-Euromoda	Largo Mazzini
STILE ABITO:		Nuove tendenze
TAGLIA:	56	
I DIVERSI CAPI E I COLORI:	Giacca grigia	
	Panciotto "fumo di Londra"	Minigonna nera
	Calzini neri	Calze nere
IL TESSUTO:	Misto lana Camicia e cravatta di seta	
GLI ACCESSORI:		Cappello fucsia
	Orologio nel panciotto	
IL PREZZO:		£ 650.000
LO SCONTO:	Nessuno	
ALTRE INFORMAZIONI:	Consigliato nelle scelte padre	

7. La casa (esterno)

Qui sotto c'è il disegno incompleto di una casa. Più in basso sono mostrati gli elementi che devono essere inseriti, es. le finestre, il tavolo da giardino, ecc. lo studente/la studentessa A deve dirti dove questi elementi devono stare, e tu li disegnerai nel giusto posto. Puoi fare domande allo studente/la studentessa A ma per nessun motivo devi guardare il suo disegno. Alla fine confrontate i disegni.
Puoi fare domande del tipo:

Dov'è l'albero?
Ci sono sedie intorno al tavolo? Di che tipo si tratta?

Cerca di stimolare A ad essere preciso e dettagliato. Ad esempio:

Puoi ripetere per favore?
Puoi essere più preciso/a? Puoi spiegarmi meglio dove ...

8. La casa (interno)

Ecco il disegno dell'interno di una casa, con gli elettrodomesti e tutto l'arredamento. Lo/a studente/essa B ha un disegno simile ma incompleto: aiutalo a completarlo suggerendogli/le le diverse collocazioni degli elementi. I suoi oggetti mancanti sono disegnati in basso alla pagina, sotto il disegno. Lo/a studente/essa B può farti domande di tutti i tipi ma <u>non deve vedere il tuo libro</u>. Alla fine confrontate i disegni.
Quando il /la compagno/a ti chiede dove sono i vari oggetti, tu puoi rispondere usando frasi del tipo:

"Il televisore è in salotto, <u>sul</u> mobile vicino <u>alla</u> libreria, <u>sulla</u> destra".
"Ci sono elettromestici in cucina". "<u>Sul</u> divano c'è un cuscino".

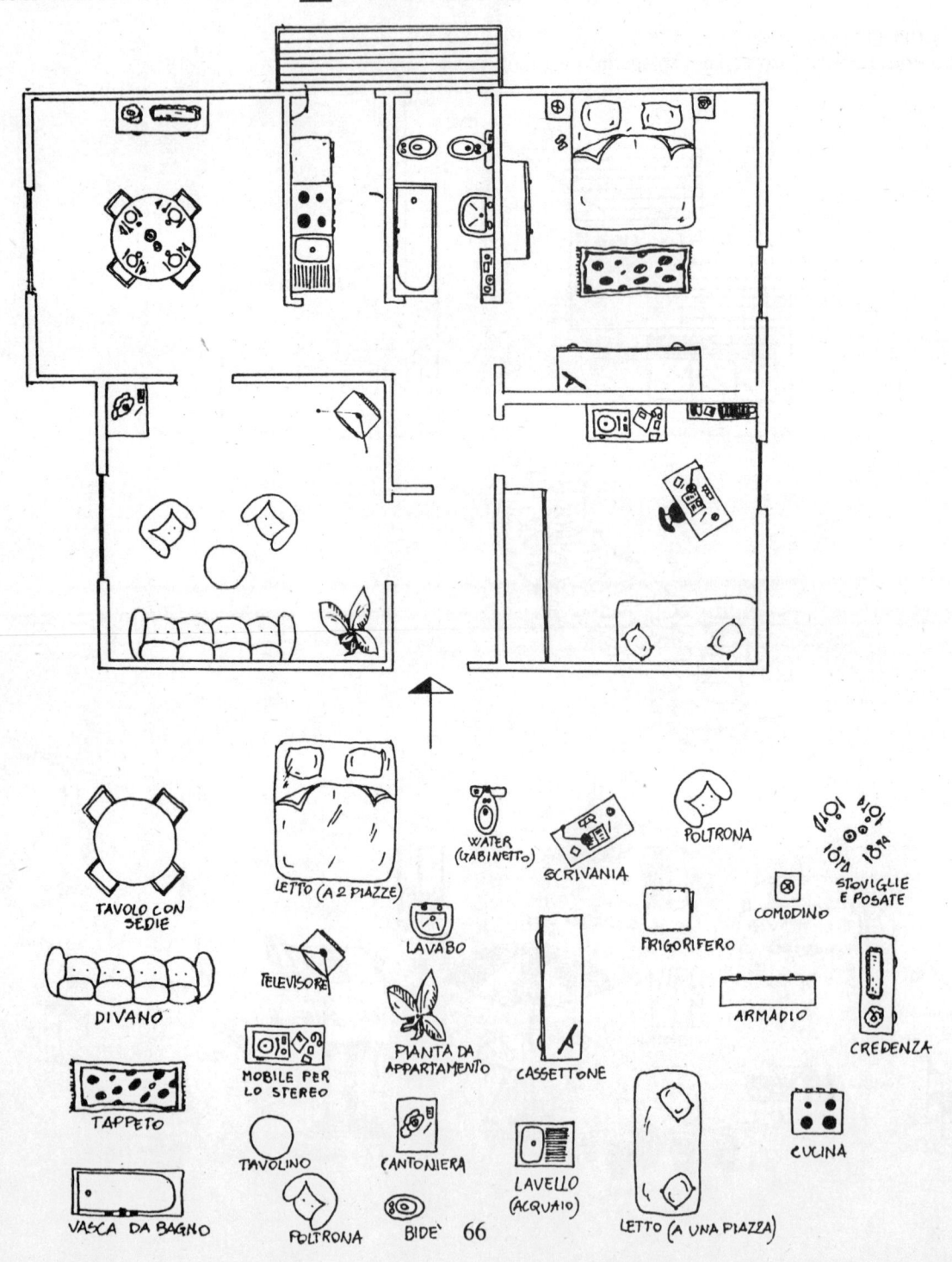

9. Chi trova un amico trova un tesoro

Sei una persona molto sola e vorresti avere qualche amico. Lo studente/la studentessa A per aiutarti vuole farti conoscere i suoi migliori amici, Federico e Simona. Tu però sei un timidone/una timidona e prima di incontrarli vuoi conoscere un po' della loro personalità. Cerca di scoprire il più possibile su ciascuno di loro facendo domande del tipo:

- dove e come l'hai conosciutoto/a
- come è stato il primo incontro?
- da quanto tempo lo/la conosci?
- di dove è?
- dove vive?
- quali interessi avete in comune?
- che cosa fai di solito quando esci con lui, con lei o tutti insieme

Di ciascuno dei due chiedi inoltre:
- il suo nome e la sua età
- il suo lavoro o la sua attività
- i suoi interessi
- ecc.

Prepara almeno una ventina di domande. Lo studente/la studentessa A comincia.

Altre domande:

_____
_____
_____
_____
_____
_____
_____

10. Le buone e cattive abitudini

Scopri le abitudini quotidiane dello studente/della studentessa A con delle domande. Prima di iniziare pensa a come fare le domande, poi chiedi e rispondi, alternandoti con A. Per definire "la frequenza di un abitudine" devi usare le diverse formule con avverbi ed espressioni di tempo illustrate qui sotto.

<---- MAGGIORE FREQUENZA   MINORE FREQUENZA ---->

Sì, sempre   Sì, spesso   Qualche volta   No, raramente   No, mai

CHIEDI ALLO/A STUDENTE/ESSA A SE:

Si alza prima delle 8.00. ....

Fa una colazione abbondante. ....

Prende l'ascensore uscendo di casa. ....

Dà confidenza alle persone sconosciute. ....

Dice parolacce agli altri automobilisti. ....

Beve troppa birra a pranzo. ....

Frequenta una palestra. ....

A scuola scarabocchia sui muri dei gabinetto. ....

Manda biglietti di auguri ai parenti. ....

Si mangia le unghie per il nervosismo. ....

Fa scherzi ai colleghi di lavoro. ....

Inizia "ogni giorno" una nuova dieta dimagrante. ....

Fuma. ....

Dice bugie. ....

Pulisce la sua stanza. ....

Segue le spiegazioni del professore. ....

Prova ad entrare gratis allo stadio. ....

Si lava i denti prima di andare a letto. ....

Alla fine confrontate le abitudine più o meno comuni.

11. Prepareriamo un menù

Tu e lo/a studente/essa B dovete accordarvi per preparare il giusto menu per alcune diverse situazioni. Qui sotto c'è una lista di prodotti e ingredienti che puoi utilizzare; confrontali con quelli di A ed organizzatevi insieme in modo da ottenere un'ampia possibilità di scelta.

Pensa ad un menu adatto (includi il primo, il secondo, il dolce e una bevanda) considerando che gli ospiti saranno:

1. tua zia e tuo zio vengono a pranzo con i loro bambini di sei e otto anni

2. due vecchi amici vengono a cena; uno di essi è vegetariano

3. un possibile socio di affari con sua moglie

4. un/una collega di lavoro viene a casa tua per una romantica cena a lume di candela.

Gli ingredienti a tua disposizione sono:

spaghetti	ceci
insalata	tiramisù
brodo di carne	carciofi
gelato	salsiccia
prosciutto crudo	lenticchie
tacchino	zuppa di pesce
caviale	salmone
penne	olio d'oliva
pizza	melanzane
agnello	broccoli
rape	cassata
uova	fagioli
piselli	lasagne
tortellini	bistecca di manzo

Puoi iniziare con una domanda tipo:

"Che cosa prepari 'di primo'?"

e poi continuare proponendo e motivando le tue scelte verso un piatto piuttosto che un altro. Usa strutture del tipo:

"Penso di fare... Penso di preparare... Preferisco... Voglio cucinare... Propongo..."

I quattro menu sono:

_____   _____
_____   _____
_____   _____
_____   _____
_____   _____
_____   _____
_____   _____
_____   _____

12. Vendesi

Vuoi comprare una bicicletta di seconda mano e cercando negli annunci pubblicitari ne trovi uno che ti sembra interessante e decidi di telefonare (lo studente/la studentessa A è la persona che vuole vendere la bicicletta).

```
AAA Vendesi Bicicletta
1anno-prezzo trattabile
VERO AFFARE!!!  Per informazioni:
Tel. 410641   (Francesco Chiccioli)
```

Prima di iniziare prepara alcune domande da fare, del tipo:

Che misura è?
Quanti anni ha?
Di quale cambio dispone?
E' in buono stato?
Di che materiale è?
Che tipo di sellino ha?
Ci sono accessori?
E utensili in dotazione?
E ogni altra domanda che puoi fare...

Alla fine se sei interessato/a fissa un appuntamento per andare a vederla.
Quando lo studente/la studentessa A risponde al telefono tu puoi iniziare con un approccio del tipo:
"Buon giorno. Sono...Telefono per quell'annuncio apparso sul giornale riguardo una bicletta granturismo. Ce l'ha ancora?"

13. Il fine settimana: che fare?

Oggi è sabato e devi decidere con A dove andare domani. Nella sezione speciale del quotidiano "Il Telegrafo" (a pagina seguente) puoi trovare una soluzione soddisfacente per entrambi. Dovete completare il dialogo: prima di iniziare leggi la tua parte, così da capire ciò che dovrai dire allo studente/alla studentessa A. Appena avete finito di leggere il vostro "copione", potete iniziare a lavorare. Inizia A.

1. (A): ...
   Tu: Facile a dirsi, ma che cosa possiamo fare?

2. (A): ...
   Tu: Giusto. Uhm... vediamo un po'... Ah, ecco... questo sembra veramente divertente!

3. (A): ...
   Tu: Cosa pensi di... (*scegli una proposta da "Viaggi ed escursioni" del "Telegrafo"*)

4. (A): ...
   Tu: Mah! va bene... Come vuoi...Ti piacerebbe andare a un bel concerto? È tanto tempo che non sentiamo un po' di buona musica. Andiamo a...(*Suggerisci un concerto segnalato dal "Telegrafo"*).

5. (A): ...
   Tu: Dunque, il concerto è a (...) Suona (...) e in programma c'è (...). Allora cosa mi dici? Potremmo andarci?

6. (A): ...
   Tu: Accidenti! Ma sei davvero incontentabile! Senti, allora suggerisci qualcosa tu!

7. (A): ...
   Tu: Non so! Dipende da quale genere di mostre ci sono.

8. (A): ...
   Tu: Ah! ora capisco: non è l'arte che ti interessa ma le turiste/ i turisti! No, mi dispiace. E poi sopporto la pittura! Non andrei a vedere una mostra di pittura moderna o antica nemmeno se mi pagassero!

9. (A): ...
   Tu: Aspetta un momento! Vediamo di trovare un compromesso ... Guarda! ... Potremmo andare a (*suggerisci qualcosa dalla sezione <u>Avvenimenti sportivi</u>*).

10. (A): ...
    Tu: (*Risposta*) e inizia alle (...) e il biglietto è (...).

11. (A): ...
    Tu: Oh! Finalmente abbiamo deciso! La prossima volta preferisco guardarmi la televisione piuttosto che discutere con te dove passare la domenica!

Il Telegrafo

Avvenimenti Sportivi della domenica

Partita di Calcio
Semifinale della Coppa Italia di Calcio
Stadio Comunale "Picchi" Ore 15.30
Inter - Juventus
Biglietti d'ingresso:
Tribuna £ 20.000 - Curva £ 10.000

Incontro di Pallacanestro
Campionato di Serie A 1
Palazzetto dello Sport Ore 17.00
Libertas Livorno - Philips Milano
Posto unico £ 12.000

Automobilismo
Arrivo della Tappa del "Giro d'Italia"
Pontedera - Pisa a cronometro
Pisa, p.za dei Miracoli
Inizio arrivi ore 12.00
Ingresso libero

Mostre e gallerie d'arte in corso

I pittori del Rinascimento a Firenze
Mostra dei maggiori esponenti del Rinascimento
fiorentino dal primo 1400 al tardo 1500
Galleria degli Uffizi, Firenze
Orario 9.00 - 18.00 Ingresso £ 5.000

I dipinti di Amedeo Modigliani
Gli ultimi lavori del maestro livornese
Museo di arte moderna - Roma
Apertura 10.00 Chiusura 19.00
Biglietto unico £ 7.000

Altri avvenimenti della domenica

Concerti
Metallo Fuso Stadio dei Pini-Ore 21.00-£20.000 (Rock)
Orchestra regionale toscana Auditorium-Ore 20.00-£15.000 (Clas.)
Cavalleria Rusticana-Teatro Centrale-Ore 20.30 (Opera)

Viaggi ed Escursioni
TOURING CLUB - Viaggio a Venezia
In lussuoso pullman
Partenza ore 7.00-Arrivo ore 22.00
Prezzo (pranzo escluso) £40.000

14. Amici dall'Italia

Hai una vecchia foto di un tuo amico italiano e della sua famiglia. Lo studente/la studentessa A è incuriosita dall'atmosfera della foto e ti farà diverse domande. Rispondendo alle domande cerca di rivelare tutti i particolari della loro vita, come ad esempio:

- chi sono le diverse persone nella foto
- quando la foto è stata scattata
- dove vivono i personaggi
- perché il bambino ha la cravatta
- perché gli adulti hanno una stana espressione
- ecc.

Inizi tu proponendo la fotografia:

"Ho qui una vecchia foto del mio amico italiano Aldo Baldassarri e della sua famiglia: ti interessa?"

15. Una vacanza invernale nel "Bel paese"

Lo studente/la studentessa A ti vuole raccontare della sua vacanza in Italia e mostrare le migliori fotografie che ha scattato. Tu, che non sei mai stato in Italia, sei curioso di sapere il più possibile e gli farai alcune domande.
Qui sotto ci sono alcuni spunti per le domande, ma tu devi prepararne molte altre.

1. le fotografie:

dove le hai fatte?; che cos'è questo/a?; chi sono queste persone?; le hai conosciute nella vacanza?; che attrezzatura fotografica hai?; ecc.

2. le vacanze:

dove sei andato/a?; quanto sei stato in vacanza?; è stato interessante/ divertente/ bello?; con chi sei andato/a?; dove hai alloggiato?; che cosa hai fatto?; ecc.

Fai attenzione: A inizia raccontando dove e quando le foto sono state scattate e per proseguire si aspetta che tu faccia "galoppare" la tua curiosità.

16. Una vacanza estiva nel "Bel paese"

L'anno scorso hai trascorso le vacanze estive in Italia e naturalmente hai fatto moltissime fotografie. Qui sotto ci sono le più significative: devi mostrarle allo studente/la studentessa A. Descrivi le foto e parla delle tue vacanze a A.
Prima di iniziare ripensa a ciò che è successo e preparati su:

1. le fotografie:

dove sono state fatte; il nome dei soggetti (cose, luoghi, ecc.); chi sono le persone; con quale attrezzatura le hai fatte; perché le hai scattate; ecc.

2. le vacanze:

dove sei andato/a; quanto sei stato/a in vacanza; con chi sei andato/a; che cosa hai fatto là; com'era il tempo; chi hai conosciuto; se ti sei divertito/a; quanto hai speso; ecc.

Inizia raccontando a A delle tue vacanze in Italia, spiegando dove e quando le foto sono state fatte. Poi rispondi alle domande che A ti farà.

Appunti di viaggio:

COPPA DEL MONDO DI CALCIO

17. Chi l'ha visto?

Sei un appassionato spettatore del programma televisivo "Chi l'ha visto?" Nel programma di stasera il famoso conduttore Pippo Baldo sta cercando una persona scomparsa a Roma. Ieri mentre eri nel parco di Villa Borghese sei stato colpito da una persona che aveva uno strano comportamento. Qui sotto c'è la sua fotografia: osservala per tre minuti cercando di memorizzare il maggior numero di dettagli su di lui, <u>senza scrivere niente e senza prendere appunti.</u>

Decidi di telefonare in trasmissione per dare il tuo contributo. Il conduttore del programma (studente/studentessa A) ti fare diverse domande per stabilire se la persona scomparsa corrisponde a quella che tu hai visto.
Devi rispondere a tutte le sue domande senza guardare la fotografia.

18. Chiacchierando tra amici al bar

Molti italiani amano trascorrere il tempo al bar parlando "di tutto un po'". Prova anche tu ad iniziare una conversazione e proseguirla solo per il "piacere di parlare"

1. Conversazione "non impegnata"
Ecco un possibile approccio per una conversazione di sport tra amici:

Tizio: "Mi sembri su di giri oggi ... (*nome*)."
Caio: "Sì, infatti lo sono. Sono andato alla partita ieri, e ho visto proprio una gran bella squadra!"

Usando questo canovaccio prosegui la conversazione con il/la tuo/a compagno/a. La tua parte sarà quella di "Tizio".
Prima di iniziare preparati in modo di sapere che cosa potresti chiedere. Ad esempio:

Qual'è la squadra del cuore di Caio?   Con chi è andato Caio?
Perché la sua squadra gli è piaciuta?   Come è finita la partita?
Quali azioni sono state le più entusiasmanti?   C'erano molti tifosi?
Quali giocatori gli sono piaciuti di più?
Quali speranze ha Tizio per la sua squadra? Ecc.

Inizi tu.

2. Conversazione "impegnata"
Ecco un diverso possibile canovaccio per una conversazione di politica tra amici:

Tizio: "Hai visto il telegiornale stasera? Il governo ne ha fatta un'altra delle sue!"

Caio: "Mi dispiace, ...(*nome*), ma ho lavorato fino a tardi e non l'ho potuto vedere."

Questa volta prendi il ruolo di "Caio". Prima di iniziare pensa a quello che potresti dire. Ad esempio:

Che tipo di iniziativa ha preso il governo
Perchè non sei d'accordo con il governo
Quale ministro lo ha proposto e a che partito appartiene
Quali parti sociali penalizza
Ci sono state altre notizie importanti nel telegiornale Di cronaca nera; di politica estera; culturali.

Lo studente/la studentessa A inizia.

19. "Un'Italia senza Discriminazioni"

Ti chiami Antonio Scalfaro (Maria De Santis), sei un giornalista e lavori per il giornale "America's Voice". Devi intervistare l'organizzatore (organizzatrice) della Marcia per un'Italia senza Discriminazioni che lo scorso mese è partita da Palermo, dal Sud, per arrivare a Milano, al Nord.

Per la tua inchiesta hai bisogno di fare almeno le seguenti domande:

Per quale scopo questa marcia è stata organizzata?
Quando è partita la marcia?
Quando è arrivata a Milano?
Quali regioni avete attraversato?
In quali città avete fatto tappa?
Che cosa era previsto all'arrivo a Milano?
Come avete affrontato i problemi logistici (cibo, pernottamenti, imprevisti)?
Quanta gente ha partecipato alla marcia complessivamente?
Quale motivazione l'ha spinta ad occuparsi di un simile progetto?
Ecc.

Inizia con una domanda del tipo:

"Piacere, signor/signora Biagi. Sono .... di "America's Voice".
Vorrei porle alcune domande riguardo la Marcia per un'Italia senza Discriminazioni di cui lei è l'organizzatore (...trice)."

20. Una conferenza stampa

Ti devi mettere nei panni del cantautore bolognese Lucio Dalla, che il mese prossimo inizierà la tourneè europea promozionale del nuovo L.P. In questi giorni sei a Roma per mettere a punto gli ultimi particolari prima dell'inizio della stagione dei concerti e tieni una conferenza stampa. Qui sotto ci sono alcune informazioni che devi dare ai giornalisti. Lo studente/la studentessa A è un/una giornalista che ti intervisterà.

CONCERTI PREVISTI

Stoccarda	Stadio	2 Agosto
Berlino	Stadio	4, 5, 6
Francoforte	Ippodromo	7-10
Utrecht	Teatro	12
Amsterdam	Parco pubblico	14, 15
Londra	Hyde Park	18-23
Parigi	Olympia	25-30
Lione	Stadio	3 Settembre
Marsiglia	Parco	5, 6
Vienna	Prater	8
Madrid	Stadio	10

SCALETTA BRANI

4 Marzo 43
Nuvolari
L'anno che verrà
Futura
Anna e Marco
Piazza Grande
Itaca
Washington
Felicità
Attenti al lupo
Tango
Se io fossi un angelo
+ i Bis

ORCHESTRA

Tastiere: Leo Grilli
Chitarra: Pietro Cirigliano
Basso: Cristiano Nelson
Batteria: Marco Santini
Tromba: Stefano Faucci
Sassofono: Ale Grassi
Chitarra classica: Roberto Del Nista
Computer: Sergio Chiellini
Coriste: Alessia Sirtori
            Simona Santini
Road manager: Paolo D'Alessandro

Lucio Dalla col suo classico cappello, durante un concerto.

Lucio è divenuto famoso in Europa soprattutto negli ultimi due anni, con la canzone "Attenti al lupo" che ha venduto più di due milioni copie. Ha un grande seguito di pubblico, che va dalle fasce più giovani, che ne amano soprattutto il ritmo e la voce caratteristica, fino a quelle degli adulti, che gli riconoscono grande inventiva musicale e sincera ispirazione lirica e testuale. Se possibile verranno registrati alcuni brani dal vivo durante i prossimi concerti; sono previste anche esibizioni alle televisioni tedesca, inglese, olandese e francese. In futuro è anche prevista una serie di concerti in Unione Sovietica e in USA.

21. Una domenica "fuori porta"

Sei un/un'agente dell'agenzia "Il viaggiatore". Lo studente/la studentessa A viene in ufficio per chiedere alcune informazioni riguardo le gite domenicali di cui ha letto una vostra pubblicità. Proponigli/le qualcosa di interessante e adatto alle sue esigenze. Qui sotto hai il prospetto delle gite previste:

Agenzia il viaggiatore

VIAGGI PER DOMENICA PROSSIMA

Destinazione	Partenza	Ritorno	Prezzo	Disponibilità
Roma (visita città)	ore 6.00	23.00	50.000	5 posti
Paesi toscani	ore 7.15	21.30	35.000	2 posti
Laghi lombardi	ore 8.00	21.30	35.000	12 posti
Napoli	ore 6.00	22.30	40.000	6 posti
Venezia + (giro gondola)	ore 6.30	24.00	75.000	4 posti

Se lo studente/la studentessa A deciderà di prenotare dei posti per una delle escursioni, riempi il seguente modulo di prenotazione:

Modulo di prenotazione

Nome: ....

Destinazione: ....

Data: ....

Finestrino ☐   Corridoio ☐

Fumatori ☐   Non fumatori ☐

Prezzo: ....

Acconto: ....

Se lo studente A ha dato solo un acconto ricordagli che dovrà saldare il prezzo totale prima della partenza e che l'acconto non è rimborsabile.

Cerca di rispondere a tutte le richieste di A e ricorda che "il cliente ha sempre ragione"

22. Una festa da organizzare

La prossima settimana tu e A dovete organizzare una festa. Dovete pianificare tutto con cura:
1. Poiché la festa sarà in una delle vostre case, potete invitare solo 10 persone. Tu porterai cinque tue amiche che risultino adatte per i cinque ragazzi che porterà A: dovete discutere insieme in modo da formare delle coppie "possibili".
2. Dovete scegliere un giorno in cui entrambi siete liberi (tieni conto che la mattina, dal lunedì al venerdì quando avete la scuola, dovete alzarvi alle 6.30).
3. Dovete scegliere un luogo e accordarvi sulla musica da proporre e sul "buffet" da offrire. Alla fine riassumete le scelte fatte. Buon divertimento!

Rosella: formosa, capelli neri ricci, occhi scuri, ama il ballo e i ragazzi sportivi e muscolosi
Susanna: timida, appassionata di psicologia, vegetariana, non sopporta i tipi sfacciati
Fabiola: capelli e occhi chiari, studia filosofia, ironica, ama la campagna, golosa di dolci
Teresa: molto intelligente, veste con ricercatezza, lavora molto, fa sport e ascolta musica rock
Cinzia: riservata, grassottella, a volte simpatica, sa cucinare molto bene
Iolanda: intellettuale, occhiali rotondi, ama la compagnia e i film di azione
Silvia: non bellissima ma con un gran bel fisico, volubile e scontrosa, ama mettersi in evidenza
Chiara: simpatica, non usa trucco, fuma molto, ama leggere saggi di storia medievale

L	M	M	G	V	S	D
			1	2	[3]	4
5	6	7	8	9	[10]	11
12	13	14	15	16	17	18
19	20	21	[22	23	24]	25
[26	27	28	29	30]		

— visita ai nonni
— a cena con Maria
— viaggio a ROMA

CIBI:
salatini,
pollo,
formaggio
BEVANDE:
birra, alcolici
succhi di frutta

MUSICA PROPOSTA:
disco, rock'n roll,
samba, mambo,
Musica d'ascolto
per la notte

GIORNO DELLA FESTA: ....
ORA: .... LUOGO: ....
TIPO DI MUSICA PREVISTO: ....
BUFFET PREVISTO: ....
COPPIE PARTECIPANTI: Maschi   Femmine

....
....
....
....
....

23. Il "cicerone" sono io

Nella pianta del paese di Siniscola in provincia di Nuoro ci sono otto elementi (palazzi, negozi, ecc.) che non sono stati inseriti. Essi sono:

l'ospedale   **il negozio di dischi**   **la biblioteca**   **la pizzicheria**
la banca   **la stazione dei Carabinieri** **il pescivendolo**   **la farmacia**

lo studente/la studentessa A conosce l'esatta locazione di questi elementi e tu devi scoprirla attraverso le domande che potrai rivolgergli/le. Quando pensi di aver capito, riporta l'elemento nuovo sulla tua pianta. A sua volta, anche lo studente/la studentessa A deve scoprire la locazione di otto elementi (che tu conosci) rivolgendoti domande. Alcuni elementi sono presenti su entrambe le mappe, in modo che possano essere presi come riferimenti fissi sia per te che per A. Inoltre puoi usare il nome delle vie e delle piazze.
Ad esempio se A ti chiede dove è il cinema, tu rispondi "è in via Garibaldi, accanto al negozio di abbigliamento"
Alternatevi nelle domande e nelle risposte e quando avete finito confrontate le due mappe del paese e controllate di aver inserito gli elementi in modo corretto.

Potrai usare domande del tipo:

"Dov'è ...?"

e nelle risposte dovrai usare strutture tipo:

E' in via... / piazza ...;   Vicino a;

Lontano da;   E' tra ... e ...;

E' di fronte (davanti) a;   E' dietro a;

Percorri via...;   Gira a (destra, sinistra);

Prosegui fino a ... poi ...;

E' il (primo/secondo/...) palazzo sulla (destra, sinistra) in via ...

Quando avete stabilito tutti gli elementi del paese assumete i ruoli di:

A) un turista che chiede informazioni
B) un indigeno che dà informazioni

Partendo dalla stazione dai informazioni su determinati luoghi, sull'itinerario per raggiungerli, sulla possibilità di raggiungerli a piedi o in taxi o in autobus, sul tempo che occorre per arrivare, sulle fermate, sul costo dei biglietti, dove comprarli, frequenza dei passaggi. Inoltre dai informazioni più dettagliate sui singoli posti, ad esempio sul ristorante, sulla biblioteca, sul cinema, ecc.

VIA DANTE

TEATRO

VIALE PO

VIA MANZONI

VIA MAZZINI

VIA VERDI

ALIMENTARI

CORSO DELLA REPUBBLICA

84

24. La spesa al negozio di "Alimentari"

Devi fare la spesa al negozio di alimentari. Costruisci con lo studente/la studentessa B il dialogo. Tieni sott'occhio la lista della spesa di pagina 48. <u>Cerca di non leggere soltanto, ma di dare espressività e intonazione "naturale" a ciò che dici, come in una rappresentazione teatrale.</u> Inizi tu.

1. Stud. A: ...
   Tu: Abbiamo due tipi di miscele colombiane veramente buonissime, Latazza Oro e Ola.
2. Stud. A: ...
   Tu: Dunque... il tipo Latazza Oro costa 24.000 lire il chilo, la Ola viene qualcosa meno, 20.500 il chilo. Quale prende?
3. Stud. A: ...
   Ecco qui, un caffè profumatissimo per il suo espresso! Ed un bel pacco di zucchero. Altro?
4. Stud. A: ...
   Tu: Ne abbiamo di fresche appena colte! Quante ne vuole?
5. Stud. A: ...
   Tu: A lei un bel sacchetto di mele dolci dolci. Nient'altro?
6. Stud. A: ...
   Tu: Ecco qua uova di covata! Sono ancora calde! Preferisce le grandi o le piccole?
7. Stud. A: ...
   Tu: Una piccola differenza... Le più grandi costano un po' di più, 400 lire l'uno. Le piccole vengono 300 lire ciascuna.
8. Stud. A: ...
   Tu: Preferisce dei pelati interi oppure quelli a pezzi?
9. Stud. A: ...
   Tu: Ecco a lei una fettina da assaggiare! Se la gusti con calma mentre le affetto un po' di formaggio, ...e poi mi dica se è buono!
10. Stud. A: ...
    Tu: Lo sapevo che le sarebbe piaciuto. Le occorre altro?
11. Stud. A: ...
    Tu: Abbiamo un'offerta speciale su quest'olio Carabelli, che è ottimo per la bruschetta. Le va bene?
12. Stud. A: ...
    Tu: No, mi dispiace... è un po' tardi per il pane di campagna, l'ho già finito...e non teniamo prodotti dietetici. Ho ancora alcune rosette.
13. Stud. A: ...
    Tu: Sono 950 grammi, 2100 lire. E' tutto o le occorre altro?
14. Stud. A: ...
    Tu: Dunque... vediamo. Mi faccia finire la somma. Sì, sono ... lire.
15. Stud. A: ...
    Tu: Non dica così. Lo sa che nel quartiere io ho i prezzi migliori. Eccole ... lire di resto.
16. Stud. A: ...
    Tu: Grazie a lei. Buona giornata e ritorni presto.

ALIMENTARI
da piero
BELLA ROBA A POCO PREZZO
INTERI 1000
1080
24000
20500 K
2500
4750 L.
6000 L.
5000
7500
PROSCIUTTO hg. 3500
PARMIGIANO hg 2000
RICOTTA hg 900
PECORINO hg 1800
SALAME hg 2500
MORTADELLA hg 2000
PROVOLA hg 2200
OFFERTISSIMA
OFFERTA ZUCCHERO Kg. 1500
1×300
1×400
2500
INSALATA MISTA 3000.
1500
1000

25. Un corso "culturale"

Sei il direttore dell'associazione "Il Leonardo", un centro che organizza corsi culturali e ricreativi per il fine settimana. A pagina seguente puoi trovare il programma dettagliato dei corsi che sono previsti in questo mese.
Lo studente/la studentessa A sembra interessato/a a partecipare ad uno di questi e ti farà una visita per avere dettagli e informazioni. Fallo/a accomodare in ufficio e aiutalo/a a trovare un corso adatto. Se sarà interessato/a a prenotare un posto, compila la seguente scheda:

```
Centro Culturale "Il Leonardo" - Firenze
            SCHEDA DI PARTECIPAZIONE
    Nome ........................................................
    Età ...................... Telefono ................
    Nazionalità ............................................
    Lingua ....................................................
    Corso .....................................................
    Data prevista ........................................

    Costo del corso _____ (+ IVA 12%) _____
    Costo totale del corso _____
    Anticipo versato _____
```

Puoi iniziare con un approccio del tipo:
"Buongiorno. Benvenuto/a al Centro Culturale "Il Leonardo". Cosa posso fare per lei?"

oppure:
"Sono il direttore del Centro Culturale "Il Leonardo", buongiorno! Cosa desidera?"

Centro Culturale "Il Leonardo" - Firenze
Programma del mese di Luglio

Corso di Liuteria
Il corso consiste di una parte teorica in cui si studierà la tecnica costruttiva di uno strumento a corda (otto ore), e una parte pratica in laboratorio dove si inizierà la costruzione di un violino (quindici ore).
L'insegnante è il maestro liutaio Amati, pronipote del celebre artista cremonese; la sede del corso è presso la Scuola di Liuteria di Borgo S. Lorenzo a Firenze. Tutto il materiale e gli utensili sono forniti dalla scuola. Non sono previsti vitto e alloggio. Il corso è per un massimo di 4 persone.
Venerdì 2, Sabato 3, Domenica 4. Costo £ 300.000.

Escursione Ecologica
Due giorni tra i boschi e le cime delle Alpi Apuane. E' prevista un'ascensione alla Pania di Croce (m.1859). Guida del Club Alpino Italiano. Pernottamento e pasti nei rifugi montani. Il corso è per un massimo di 6 persone; si richiede ottima forma fisica e attrezzatura da escursione. Venerdì 2, Sabato 3. Costo £ 100.000

Danza Popolare
Fine settimana per chi ama ballare il Liscio. Partecipazione a due sagre tipiche dove si impareranno le danze tradizionali toscane. Pomeriggio di lezioni con il M° Baldini e serate di ballo nelle piazze storiche di S. Gimignano e Volterra. Senza limitazioni di numero. Sistemazione in pensione 2a categoria.
Sabato 10, Domenica 11. Costo £ 150.000

Corso di Scultura
Alla Scuola Internazionale di Scultura di Carrara, tre giorni di iniziazione all'arte di Michelangelo, usando il suo stesso tipo di marmo. 25 ore di lezione/pratica di bassorilievo, tridimensionalità, uso dello scalpello, ecc. Utensili e materiale forniti. Vitto e alloggio presso il dormitorio/mensa. Da Venerdì 23 a Domenica 25. Costo £ 300.000

Corso di Cucina
Preparazione di tre pranzi e due cene nella più tipica delle tradizioni toscane. Pesce e cacciagione, pasta e dolci attraverso l'insegnamento di due cuochi famosi-Novelli, del ristorante Il Romito, e Caino, del ristorante omonimo. Le esercitazioni e "gli assaggi" si terranno nei suddetti ristoranti, sulla zona costiera e nella Maremma. Pernottamento in pensione. Il corso è per un massimo di 10 persone.
Venerdì 16, Sabato 17, Domenica 18. Costo £ 200.000

Corso sulla Ceramica
Avviciniamoci a questa forma di artigianato, antica ed importante. Da un impasto di creta naturale impareremo a costruire con le nostre mani e con il tornio, vasi, piatti e mille altre cose. Passeremo poi alla cottura e alla decorazione. Il corso-in quindici ore-si terrà presso la bottega del M° ceramista Della Robbia di Montelupo Fiorentino. Il corso è per un massimo di 8 persone. Venerdì 26, Sabato 27. Costo £ 150.000

Tavola a vela
Un breve, intensivo corso di tavola a vela: un'ora di teoria e cinque ore di pratica sullo splendido mare della provincia di Livorno. Istruttore federale del CONI. Uso della tavola e delle attrezzature compreso nel prezzo. Vitto e alloggio in case di pescatori della zona. Da Venerdì 9 a Domenica 11. Costo £ 200.000

Castelli Medievali
Una fantastica tre giorni per visitare i più bei borghi medievali della Toscana: Siena, Montalcino, San Gimignano, la cattedrale fantasma di San Galgano, gli antichi centri della Lunigiana e della Garfagnana.
Come accompagnatore e guida vi sarà il Dr. Santini, dell'Università di Pisa. Pasti frugali e pernottamenti su paglia in due diversi monasteri benedettini del XIV sec. Da Venerdì 16 a Domenica 18. Costo £ 150.000

26. Un colloquio di lavoro

Sei il direttore generale di un'importante compagnia alimentare. Hai necessità di assumere nuovo personale e hai fatto pubblicare sul "Corriere della Sera la seguente inserzione:

> IMPORTANTE SOCIETA' INTERNAZIONALE OPERANTE NEL SETTORE
> ALIMENTARE RICERCA AMBOSESSI 18-35 ANNI DA INSERIRE NEL
> PROPRIO ORGANICO COME FUNZIONARI TECNICO-COMMERCIALI.
> REQUISITI NECESSARI:
> - SPICCATA PERSONALITA'
> - FACILITA' NEI RAPPORTI INTERPERSONALI
> - DISPONIBILITA' A VIAGGIARE ANCHE ALL'ESTERO
> - TITOLO DI SCUOLA MEDIA SUPERIORE
> - BUONA CONOSCENZA DI UNA LINGUA DELLA CEE
> - DISPONIBILITA' IMMEDIATA
> IL TRATTAMENTO ECONOMICO E' DI SICURO INTERESSE E TALE DA
> SODDISFARE LE CANDIDATURE PIU' QUALIFICATE.
> PREVISTE PROVVIGIONI E ELEVATI PREMI PRODUZIONE.
> INVIARE CURRICULUM INDICANDO RECAPITO TELEFONICO PER
> COLLOQUIO PRELIMINARE
> CASELLA POSTALE 01139 MILANO

Lo studente/la studentessa A si presenterà come candidato/a per quell'impiego, e tu dovrai condurre un colloquio preliminare di lavoro. Dovrai informarti su:
- il suo interesse riguardo questo impiego.
- che cosa fa in questo momento.
- quanto guadagna e quanto vorrebbe guadagnare.
- motivo per cui vuol lasciare il suo lavoro.
- i suoi interessi.
- la sua disponibilità a viaggiare o trasferirsi.
- il suo stato civile e la sua età

e su tutto ciò che un direttore può e deve chiedere prima di assumere un nuovo impiegato (per preparare altre domande puoi usare lo spazio in fondo alla pagina).

Puoi iniziare il colloquio in questo modo:
"Avanti, si accomodi. Prima di parlare del suo lavoro voglio presentarle un poco la nostra attività ... (usa la fantasia)." E poi prosegui "... e adesso mi parli un po' di lei!"

27. Un impiego a tempo parziale

Sei un/una giovane disoccupato/a in cerca di un lavoro. Fortunatamente hai trovato questa inserzione sul giornale e decidi di recarti all'agenzia di collocamento "Un lavoro per tutti" per avere notizie più dettagliate. Lo studente/la studentessa A è il/la responsabile dell'agenzia.

Straordinaria occasione

UN LAVORO A TEMPO PARZIALE
IN BELLISSIME LOCALITA' TURISTICHE!

Se sei interessato telefona oggi stesso a

Un lavoro per tutti

Agenzia di collocamento
Tel. 578190/1/2

Se c'è un'offerta di lavoro che può fare al caso tuo, compila il seguente modulo:

```
TIPO DI LAVORO ........................................
LUOGO DEL LAVORO ......................................
ORARIO DI LAVORO ......................................
RETRIBUZIONE ..........................................
RESPONSABILE DELL'IMPIEGO .............................
TELEFONO ..............................................
REQUISITI RICHIESTI ...................................
OSSERVAZIONI ..........................................
```

Quando lo studente/la studentessa A ti inviterà nel suo ufficio inizia con una domanda del tipo: "Buon giorno. Mi chiamo .... vorrei avere qualche informazione precisa riguardo un lavoro a tempo parziale. Che opportunità ci sono?"

28. Una casa da affittare

Sei impiegato/a nell'agenzia immobiliare "Casabella" e tra poco riceverai la visita di un/una cliente (lo studente/la studentessa A) che ha necessità di affittare una casa. Tu dovrai ascoltare le esigenze di A e presentare bene le tue proposte qui sotto. Inoltre prepara altre descrizioni di appartamenti in affitto da proporre al/alla cliente.
Usa le inserzioni qui sotto come modello e soprattutto lavora di fantasia!

VIALE ROMA: recente cond. ascensore, riscald. autonomo 2 bagni, 2 camere, salone, terrazza verandata, garage. No animali. AFFITTASI

ZONA STAZIONE: 1 piano, termoaut., 2 camere, bagno, cucinotto. Cantina e piccolo giardino. AFFITTASI NON RESIDENTI

VICINANZE MARE: palazzina schiera, 200 mq di giardino, 3 camere, sala, ripostiglio, cucina, garage, terrazza. AFFITTASI

CENTRO STORICO: monoloc. 45 mq, bagnetto, cucinino. 7 piano, ascensore. AFFITTASI VERO AFFARE

Quando il/la cliente arriva tu puoi esordire con:
"Buongiorno. In che cosa posso essere utile?"

e poi:
"Di che cosa ha bisogno in particolare?"

e puoi continuare spiegando:
"Ho proprio delle proposte che fanno al caso suo..."

AFFITTASI	AFFITTASI
AFFITTASI	AFFITTASI

29. Dallo psicanalista

Sei uno/una psicanalista. Tra poco riceverai la visita di un/una paziente (studente/studentessa A) depresso/a e, in questa visita iniziale, dovrai capire il suo carattere attraverso un test di cui solo tu conosci "la chiave". Quando il/la paziente ti parlerà tu devi prendere degli appunti (usa lo spazio in fondo alla pagina) e infine devi darne un'interpretazione. Tu devi condurre la seduta e puoi iniziare chiedendo di discutere del punto A, e poi di seguito fino al punto G.

Il/la paziente:

A. Descrive un sentiero.

B. Descrive un ramoscello che ha trovato.

C. Descrive il suo comportamento quando trova un tronco d'albero sul sentiero.

D. Descrive il suo comportamento quando vede un orso corrergli/le incontro.

E. Sceglie la strada e ne da una motivazione.

F. Descrive un muro che trova alla fine del sentiero.

G. Descrive i suoni che può udire al di là del muro (se vi sono).

Alla fine tu dovrai dare significato alle diverse proiezioni dello studente/la studentessa A, punto per punto, con precisione, considerando che il test interpreta idee su:

A: Visione della vita

B: I piccoli problemi quotidiani

C: Le grandi difficolta della vita

D: I rapporti con l'altro sesso

E: Le idee politiche

F: Visione della morte

G: La vita oltre la morte/Problemi religiosi

30. Un albergo per le vacanze

Quest'anno andrai in vacanza da solo/a, al mare, a Rimini. Su un volantino hai trovato la pubblicità dell'ufficio di Promozione Alberghiera. Decidi di telefonare per prenotare una sistemazione in albergo. Qui sotto c'è una serie di punti di cui ti vuoi informare; accanto prenderai nota degli alberghi che assicurano questo servizio. Infine, dopo avere ascoltato i consigli dell'operatore/operatrice (lo studente/la studentessa A), deciderai dove alloggiare e farai una prenotazione.

☐ Bagno con idromassaggio_____

☐ Vista sul mare_____

☐ Piscina_____

☐ Parco di ricreazione_____

☐ Spiaggia privata_____

☐ Cabine sulla spiaggia_____

☐ Pensione completa_____

☐ Parcheggio privato_____

☐ Specialità gastronomiche locali_____

☐ Pianobar/Discoteca_____

☐ Aria condizionata_____

☐ TV colori/frigo in camera_____

☐ Periodi disponibili (alta, media, bassa stagione)_____
_____

☐ Prezzi_____

Per chiedere consigli potresti usare strutture del tipo:
Mi dia un consiglio su ...   Mi dica che cosa ne pensa...
Che farebbe lei al mio posto?   Secondo lei ...

31. L'acquisto di una nuova auto

Sei in cerca di una macchina per famiglia, economica e robusta.
Ecco qui sotto il disegno del nuovo modello di automobile prodotto dalla SIAT. Accanto sono le caratteristiche generali della macchina. Leggile e seleziona quelle caratteristiche che ti potranno essare utili per il colloquio con un venditore di una filiale SIAT (lo studente/la studentessa A) con cui dovrai discutere delle caratteristiche dell'auto per l'eventuale acquisto. Successivamente i ruoli si invertiranno: tu diventerai il venditore e lo studente/la studentessa A verrà in cerca di un'auto sportiva.

- Lunotto termico
- Portabagagli enorme
- Diverse motorizzazioni (da 55 a 120 c.v.)
- Pneumatici maggiorati
- Alzacristalli elettrici
- Paraurti ad assorbimento di energia
- Cruscotto con indicatori e contagiri
- Ampia scelta di colori metallizzati
- Elevate velocità massima e di crociera
- Tradizionale affidabilità e doti di robustezza
- Allestimento interno di notevole raffinatezza
- Nuovo trattamento antiruggine garantito 6 anni
- Entusiasmante accelerazione da 0 a 100 km/h
- Consumi estremamente contenuti
  (ciclo medio 22 km/litro)

- Grande spaziosità interna
- Notevole visibilità anteriore e post.
- Cinture di sicurezza posteriori
- Fari alogeni e antinebbia
- Servofreno ■ Sedili reclinabili ■ Servosterzo
- Cerchi in lega leggera
- Poggiatesta anteriori
- Prezzo contenuto
- Radio riproduttore alta fedeltà

Nelle vesti del venditore cerca di essere gentile e convincente; in quelle dell'acquirente devi essere esigente e attento alle singole caratteristiche dell'auto.

Puoi provare un approccio del tipo:
"Buon giorno. Sono interessato ad un modello di auto da famiglia. Ho letto che la SIAT ha presentato un nuovo modello..."

PRONTUARIO TERMINOLOGICO

Questo prontuario contiene esclusivamente termini ed espressioni usate nelle lezioni del manuale. Sono stati inclusi soprattutto gli elementi di uso colloquiale o specializzato, molti dei quali, risulterebbero sconosciuti o di difficile comprensione da parte degli studenti. Abbiamo altresì voluto restringere la selezione riducendo al minimo l'inserimento di forme di "cognates" tra italiano e inglese, auspicando uno sforzo da parte degli studenti per la comprensione.

Nel caso in cui un lemma abbia in italiano più di un significato, in questa sede viene fornito soltanto quello relativo al contesto in cui esso viene utilizzato nella lezione specifica. In questi casi le parentesi indicano i contesti specializzati in cui tali lemmi vengono usati nelle situazioni presentate dal manuale. Per una trattazione esaustiva dei vari significati della parole usate, rimandiamo naturalmente al dizionario tradizionale, cui questo prontuario non intende sostituirsi.

Per una maggiore rapidità d'utilizzo e per privilegiare l'aspetto contestuale dell'espressione linguistica, nel prontuario sono stati inseriti alcuni lemmi "compositi": si è preferito, cioè, non spezzare alcuni sintagmi presenti nel testo nei singoli componenti lessicali ma offrirli per intero, dando la traduzione "complessiva", a beneficio di una maggiore comprensione degli studenti. Si tratta, nella maggior parte dei casi, di forme ben fissate nell'uso della lingua scritta e parlata (come ad esempio "agenzia di collocamento", "ballo liscio", "cintura di sicurezza", ecc.). In questi casi è stata posta l'abbreviazione "sint." e l'indicazione del genere, dove possibile.

Nel caso di espressioni idiomatiche, proverbi o "modo di dire" è stata posta l'abbreviazione "espr."

Nel prontuario sono state usate le seguenti abbreviazioni:

a.   = aggettivo
avv.   = avverbio
espr. = espressione
f.   = femminile
m.   = maschile
pl.   = plurale
s.   = sostantivo
sint. = sintagma
v.i.   = verbo intransitivo
v.s.   = verbo riflessivo
v.t.   = verbo transitivo

A carico della famiglia, espr. at the family's expense
A lume di candela, espr. by candle-light
A torto o a ragione, espr. wrongly or rightly
Abbigliamento, m. clothing, clothes
Accessoriato, a. equipped
Accogliere, v.t. to receive, to welcome
Acquirente, m. purchaser
Acquistare, v.t. to purchase
Addetto alle pulizie, sint. employee to do the cleaning
Addobbo, m. decoration
Affare, m. deal, business
Affettare, v.t. to slice
Affidabilità, f. dependability, reliability
Agenzia di collocamento, sint. f. employment agency
Aglio, m. garlic
Agnello, m. lamb
Punto di aggregazione sociale, sint. social gathering place
Aiutante fattore, sint. m. farm hand
Al più presto, espr. as soon as possible
All'estero, espr. abroad
Allestimento, m. rigging
Alloggio, m. accommodation, lodging
Alogeno, a. halogen
Alpino, a. Alpine
Alzacristallo elettrico, m. electric window device
Alzarsi, v.r. to get up
Ambosessi, a. unisex, either sex
Andare a piedi, espr. to go on foot
Animatore, m. entertainer
Anticipo versato, sint. prepaid deposit
Appena còlte, espr. freshly picked
Approccio, m. approach
Arrabbiarsi, v.r. to get angry
Artigianato, m. handcraft
Ascensione, f. climb
Ascensore, m. elevator
Assaggiare, v.t. to taste
Assaggio, m. (ristorante), taste
Assediare, v.t. to besiege
Assunzione, f. hiring, appointment
Attico, m. penthouse
Attrezzatura, f. equipment
Autobus, m. public bus
Avere buon naso per..., espr. to have a good nose for...
Avere paura, espr. to be afraid of...
Avere un colpo di fulmine, espr. to be struck by lightning
Avere voglia di..., espr. to fell like ...ing
Ballabile, m. song that may be danced
Bagnante, m.f. bather
Ballo liscio, m. popular dance
Barzelletta, f. joke
Bassorilievo, m. bas-relief
Bietola, f. beet greens
Biglietto d'ingresso, sint. m. admission ticket
Biglietto omaggio, sint. m. complimentary ticket
Bistecca, f. beef steak

Bocce, f. pl. (gioco), bowls
Borgo, m. village
Brodo, m. soup
Buonumore, m. good mood
Buontempone, m. jester, joker
Cacciagione, f. game
Calcetto, m. soccer played in a small size field
Calzini, m. socks
Cambio, m. (banca), exchange
Cameriere, m. waiter
Candidatura, f. candidacy
Canovaccio, m. (teatro), scenario
Cantante, m.f. singer
Canticchiare, v.t. to hum, to sing to oneself
Capo, m. (di vestito), an article of clothing
Carabiniere, m. Italian military policeman
Caramella, f. hard candy
Carciofo, m. artichoke
Caro, a. expensive
Carriera, f. career
Casale, m. farm-house
Casalinga, f. housewife
Casalinghi, m. pl. household goods
Casella postale, f. post office box
Cassata, f. Sicilian ice cake with candied fruit
Cavafascioni, m. allen wrench
Caviale, m. caviar
Cece, m. chick-pea
Cenone, m. luncheon
Centri di orientamento, sint. career counseling center
Cerchio, m. (auto), rim
Cibo, m. food
Cima, f. top, peak
Cinta, f. belt
Cintura di sicurezza, sint. f. seat belt
Circolazione a giorni alterni, sint. traffic circulation allowed on alternate days
Classicheggiante, a. with classical characteristics
Coetaneo, a. (anche m.), of the same age
Colloquio, m. interview
Collusione, f. collusion
Colore metallizzato, sint. m. metallic color
Compito, m. (di scuola), homework
Comportamento, m. behavior
Compravendita, espr. sale
Comunale, a. municipal
Concessionaria di vendita auto, sint. f. car dealership
CONI (Comitato Olimpico Nazionale Italiano), Italian Olympic Committee
Coniglio, m. rabbit
Coniuge, m.f. spouse
Connotati e contrassegni salienti, espr. personal description and distinguishing marks
Consigliare per il meglio, espr. to give the best advice
Consumo, m. consumption
Contachilometri, m. speedometer
Contenuto, m. content
Conto, m. bill
Contorno, m. side dish

Contrabbando, m. smuggling
Contrattazione, f. negotiation, bargaining
Convocare, v.t. to summon, to convene
Copione, m. script
Corteggiare, v.t. to court, to woo
Cosca, f. clan
Costituzione, f. body type
Cottura, f. cooking
Creta, f. clay
Cronaca nera, sint. f. crime reporting
Cruciverba, m. crosswords
Cruscotto, m. dashboard
Cucinare, v.t. to cook
Curva, f. (dello stadio), wing, cheap seat
Datore di lavoro, sint. employer
Deposizione, f. statement, testimony
Dieta dimagrante, sint. f. slimming diet
Disco, m. (musica), record
Disegnare, v.t. to draw
Disuso, m. disuse
Diverso, m. homosexual
Dolcetto, m. sweet
Durata, f. duration, length
Educatore, m. educator
Efferato, a. brutal
Elettrodomestico, m. electric appliance
Entusiasmante, a. exciting
Esigente, a. demanding
Esigenza, f. requirement, need
Esordiente, m. beginner
All'ordine del giorno, espr. to be in the agenda
Essere favorevole a..., to be in favor of
Essere in forma, sint. to be in shape, to be in good form
Essere nelle vesti di..., espr. to be in the capacity of...
Essere su di giri, espr. to be in high spirits
Esterno, a. (anche s.m.), external, (outside)
Facilità, f. ease,
Fagiolo, m. bean
Fare conoscenza con..., espr. to make acquaintance with...
Fare la doccia, espr. to take a shower
Fare sport, espr. to go in for sport
Farfalla, f. butterfly
Farne un'altra delle tue, espr. to pull another one of your tricks
Faro antinebbia, sint. fog lamp
Fascia oraria, sint. f. time period
Ferie, f. pl. leave
Fidanzamento, m. engagement
Filiale, f. (di banca), branch
Filo, m. (dei freni), brake-wire
Fioritura, f. blooming
Fischiettare, v.t. to whistle
Fisico asciutto, sint. m. slim physique
Fonte, f. source
Foratura, f. puncture
Formaggio da grattare, sint. m. cheese for grating
Formosa, a. (solo femminile). shapely

Francobollo, m. stamp
Freno, m. brake
Fucsia, a. fuchsia color
Fumare, v.t. to smoke
Fungo, m. mushroom
Funzionario, m. official
Genere, m. kind, gender
Geometra, m. geometer
Giocattolo, m. toy
Gita, f. excursion
Grasso, m. (cucina), fat
Grassoccio, a. chubby
Grissino, m. bread-stick
Gusto, m. taste
Idromassaggio, m. whirlpool
Immaginario collettivo, espr. collective conscience
Imminente, a. up coming, forthcoming
Impasto, m. dough
Impegnarsi in prima persona, espr. to act oneself
Impegno, m. diligence
Impiegato, m. employee, white collar worker
Imprenditore, m. entrepreneur
In bocca al lupo!, espr. break a leg!
In compagnia, espr. in a group
Incontentabile, a. hard to please
Incriminare, v.t. to charge, to incriminate
Indicatore, m. indicator, gauge
Ingorgo, m. traffic jam
Inquinamento, m. pollution
Insonnia, f. insomnia, sleeplessness
Interrogare, v.t. to interrogate, to question
Intimidazione, f. intimidation
Introverso, a. introvert
Inventiva, f. inventiveness
Lasagne, f. pl. "lasagne" (kind of baked flat pasta with meat and bechamel sauces)
Laureato, m. graduate
Lavorare fino a tardi, espr. to work late
Lega, f. (metall.), alloy
Lenticchia, f. lentil
Libreria, f. book shop
Liuteria, f. art of making stringed instruments
Longilineo, a. long-limbed
Loquace, a. talkative
Lo stretto necessario, espr. the bare essential
Lunotto termico, m. rear window defogger
Macelleria, f. butcher's shop
Malattia, f. illness
Malvivente, m. criminal
Manifestazione, f. demonstration
Marcia, f. march
Massaia, f. housekeeper
Mastice, m. glue for rubber
Matrimonio, m. wedding
Melanzana, f. eggplant
Mentina, f. mint
Mercato ambulante, sint. flea market, hawking market

Mettere a punto, espr. to set up, to adjust
Mettere un'inserzione, espr. to place (to put) an advertisement
Mettersi in evidenza, espr. to show off
Mietitura, f. harvest
Minestrone, m. vegetable soup
Ministro, m. minister
Miscela di caffè, sint. f. coffee blend
Mobile, m. (arredamento), piece of forniture
Modulo, m. (burocrazia.), form
Molluschi misti, espr. assorted shellfish
Moltiplica, f. (bicicletta), gearing
Moro, a. dark skinned
Mortadella, f. kind of Bologna sausage (but with a much better flavor)
Motivo floreale, sint. m. Liberty style decoration
Motorizzazione, f. motorization, engine
Nascita, f. birth
Negozio di alimentari, sint. m. grocery, food stuff shop
Non importa, espr. it doesn't matter
Noto, a. known
Nubile, a. single
Omonimo, a. homonymous
Operatore turistico, sint. m. tourist agent
Orata, f. golden maid (fish)
Organico, m. personnel
Orso, m. bear
Ortaggio, m. vegetable
Paglia, f. straw
Palco, m. stage
Palestra, f. gym
Panciotto, m. vest
Pane di campagna, sint. m. peasant bread
Panificio, m. bakery
Panino integrale, sint. m. whole-wheat bread roll
Pantofola (un paio di...), f. slipper (a pair of...)
Paraurti, m. bumper
Parco di ricreazione, sint. m. recreational park
Parlantina, f. talkativeness
Parlare di tutto un po', espr. to talk about everything
Parlare del più e del meno, espr. to talk about this and that
Parolaccia, f. bad word, profanity
Partecipante, m. f. participant
Partita di calcio, sint. f. soccer game
Passatempo, m. hobby
Pasticceria, f. pastry shop
Patrimonio gastronomico, sint. culinary tradition
Pecorino, m. ewe's milk cheese
Pelati, pl. m. peeled tomatoes
Penalizzare, v.t. to penalize
Penna, f. (cucina), kind of pasta shaped like a rhomboid
Pensione completa, sint. f. full board
Pentito, m. a person who has dissociated himself from criminal activities
Peperoncino, m. cayenne pepper
Peperone, m. bell pepper
Per quanto riguarda "...", espr. as far as "..." is concerned
Perito, m. technician
Pernottamento, m. overnight stay

Pescivendolo, m. fish-hawker, fish seller
Piacere personale, sint. personal delight
Piaceri del palato, espr. pleasures of the palate
Pianobar, m. bar with live music
Piccante, a. sharp, spicy
Pietanza, f. dish
Pigro, m. lazy
Pinze, f. pl. plyers
Piovra, f. octopus
Pisello, m. pea
Pizza capricciosa, sint. f. pizza with everything
Pizzeria, f. pizza shop
Pizzicheria, f. delicatessen
Pneumatico maggiorato, m. extra large tire
Poggiatesta, m. head-rest
Polpo, m. octopus
Portabagagli, m. (auto), trunk
Posata, f. silver ware
Prendere appunti (nota), espr. to make notes
Prendere il sole, espr. to sunbathe, to get some sun
Previsto, a. scheduled
Prezzemolo, m. parsley
Prezzo trattabile, sint. m. negotiable price
Primo, m. first course
Problema logistico, sint. m. supply and communication problem
Processo, m. trial, proceeding
Prodotto dietetico, sint. m. dietetic produce
Promozionale, a. promotional
Prosciutto crudo, sint. m. raw ham (cured ham)
Prospetto, m. table, list
Provvigione, f. commission
Punto per punto, espr. point by point, in detail
Qualcosa di nuovo, espr. something new
Quotidiano, a. daily
Ragioniere, m. accountant
Ramoscello, m. twig
Rapa, f. turnip
Rapina, f. robbery
Rapporto, m, (bicicletta), gear
Recapito, m. address
Referenza, f. reference
Responsabile, m.f. manager, person in charge
Ricambio, m. spare part
Ricercatezza, f. affectation
Ricetta, f. recipe
Ridotto a uno straccio, espr. to be worn out
Rifugio montano, sint. m. mountain shelter
Rinfresco, m. reception
Risata, f. laugh
Risvegliarsi, v.r. to wake up
Rito, m. rite, rituals
Rosetta, f. kind of bread typical of Rome and similar to the "pop-over"
Ruota, f. wheel
Rustico, m. country cottage
Sagra, f. village or patron feast
Salame, m. salami

Salone, m. living room
Salsiccia, f. sausage
Sartoria, f. tailor's workshop
Sbocco professionale, sint. entry into the job market
Scalpello, m. chisel
Scarso, a. poor, scanty
Scherzo, m. joke
Scontroso, a. sulky
Scultura su marmo, sint. f. marble sculpturing
Scuola media superiore, sint. f. high school
Sedile reclinabile, m. reclining seat
Seduta psicanalitica, sint. f. psychoanalytical session
Seguente, a. following
Séguito, m. retinue
Sellino, m. saddle seat, molded seat
Sentiero, m. path
Sequestro di persona, sint. kidnapping
Serioso, a. ostentatiously serious
Servizio, m. (giornale), article, report
Servofreno, m. power brakes
Servosterzo, m. power steering
Settimanale, a. (anche s.m.), weekly (magazine)
Sfacciato, a. impudent
Sgranocchiare, v.t. to crunch
Sicuro, a. safe
Sindacato, m. union
Sistemazione, f. (albergo), accommodation
Socio in affari, sint. m. business partner
Soggiorno, m. sitting room
Sogno nel cassetto, espr. secret desire
Sopportare, v.t. to bear, to put up with
Spaziosità, f. spaciousness
Spendaccione, m. spendthrift
Spesso, a. thick
Spezia aromatica, sint. f. savory spices
Spiaggia, f. beach
Spiccato, a. marked, strong
Spolverino, m. (light) overcoat
Sportello di banca, sint. m. counter
Spreco, m. waste
Spuntino, m. snack
Squadra del cuore, sint. f. favorite team
Squattrinato, a. penniless
Stagionato, a. aged
Stipendio di sicuro interesse, espr. very attractive salary
Stoviglia, f. pl. dishes
Stracarico, a. overloaded
Strato della popolazione, m. sector of the population
Sussidio, m. aid, benefit
Svincolarsi, v.r. to release oneself
Svolgersi, v.r. to occur, to take place
Tacchino, m. turkey
Taglia, f. size
Taglia forte, sint. f. plump
Tappa, (del percorso), f. stage (of the trip)
Tassativamente, avv. peremptorily

Tasso di natalità, espr. birth-rate
Tavola a vela, sint. f. wind-surf
Telegiornale, m. news telecast
Tenere aggiornato, espr. to keep up to date
Tenere sott'occhio, espr. to keep an eye on something
Terziario, m. services sector
Tessuto, m. material, fabric
Testimone, m. witness
Testimonianza, f. testimony, statement
Tifoso, m. fan, supporter
Timido, a. shy
Tinello, m. small dining room
Tipo alternativo, sint. m. "freak"
Tiramisù, m. kind of Italian cake made with soft cream cheese and coffee
Tiratardi, m.f. person who likes going to sleep late
Titolo di studio, sint. m. educational qualification, degree
Tornio, m. lathe
Torta, f. pie
Tortellino, m. kind of small ring of pasta filled with meat and Parmesan cheese **Tramezzino,** m. Italian sandwich (half-sandwich in shape of triangle)
Trasandato, a. careless
Trattamento antiruggine, sint. m. anti-rust treatment
Tribuna, f. stand, bleacher
Tronco d'albero, sint. m. tree trunk
Tubolare, m. (bicicletta), tubular tire
Uovo di covata, espr. freshly laid egg
Un sacco di ... espr. a lot of...
Una tre giorni, espr. "a three days period"
Unghia, f. nail
Utensile, m. tool
Vacanziere, m. vacationer
Valigetta, f. brief-case
Veglione, m masked ball
Velocità di crociera, sint. f. cruising speed
Vendemmia, f. grape harvest
Venire a contatto diretto con..., espr. to come into direct contact with...
Venire fuori come funghi, espr. to sprout up like mushrooms
Venire qualcosa meno, espr. to be less in price
Visione della vita, sint. f. view of life
Vista sul mare, sint. f. view of the sea
Vita sedentaria, sint. f. sedentary life
Vitella, f. veal
Vitto, m. board
Volantino, m. flyer
Volubile, a. fickle, inconstant